融合型·新形态教材
复旦学前云平台 fudanxueqian.com

U0730742

普通高等学校学前教育专业系列教材

反思与成长：
幼儿园教师自我管理案例评析

主 编　丁亚红　史爱芬

副主编　王彩霞　陈明晖　张英杰

编 委　（按音序排序）

白　颖　陈明晖　丁亚红　董晓慧　葛东军
葛　范　郭　梅　李　艳　李思铭　刘　栋
刘树欣　李媛媛　刘婧婷　刘　栋　韩　慧
蒋　雪　胡　兵　马瑞敏　卢　瑁　庞立冬
任佳丽　苏书巧　孙莹莹　史爱芬　田轶男
唐甜甜　王媛媛　徐思晨　王彩霞　王媛媛
徐思晨　闫海芳　殷　彤　杨玉洁　袁淑云
燕晓倩　张　蕾　张晓娜　赵少品　张　婷
赵　丽　张英杰　赵方圆

复旦大学出版社

内容提要

本教材在《幼儿园教师专业标准（试行）》精神指导下，依托一线幼儿园教师工作中的真实案例和反思，从幼儿园教师自我管理的角度对案例进行评析，围绕幼儿园教师在晨间接待和晨间活动，餐点活动，饮水、如厕与盥洗环节，集体教学活动，午睡环节，区域与游戏活动，离园环节七部分内容，从专业角度进行目标设定，并制定幼儿园教师自我管理基准线，以促进教师不断进行反思，改进保教工作，提高自身专业能力。

本书既可以作为普通高等院校和高职高专学前教育专业的学生教材使用，也可以作为在职幼儿园教师的培训和继续教育教材。

本书配有教学课件等相关资源，可登录复旦学前云平台（www.fudanxueqian.com）免费下载。

本书编委会

主　编：丁亚红　史爱芬

副主编：王彩霞　陈明晖　张英杰

编委（按音序排序）

白　颖	陈明晖	丁亚红	董晓慧	葛东军
葛　范	郭　梅	李　艳	李思铭	刘　栋
刘树欣	李媛媛	刘婧婷	刘　栋	韩　慧
蒋　雪	胡　兵	马瑞敏	卢　瑁	庞立冬
任佳丽	苏书巧	孙莹莹	史爱芬	田轶男
唐甜甜	王媛媛	徐思晨	王彩霞	王媛媛
徐思晨	闫海芳	殷　彤	杨玉洁	袁淑云
燕晓倩	张　蕾	张晓娜	赵少品	张　婷
赵　丽	张英杰	赵方圆		

▶ 前　言 ◀

反思是一种有益的思维活动和再学习方式,每一位优秀教师的成长、每一次保教活动的升华都离不开教学反思。美国心理学家波斯纳说:"如果一个教师仅仅满足于获得经验而不对经验进行深入的思考,那么即使是有20年的教学经验,也只是一年工作的20次重复;除非善于从经验反思中吸取教益,否则就不可能有什么改进,永远只能停留在一个新手型教师的水准上。"可见,反思是提高教师素质的重要途径,它可以激活教师的智慧,构建师幼互动机制及幼儿学习新方式。反思是幼儿园教师成长的"催化剂",是幼儿园教师发展的重要基础。

幼儿园教师的反思内容应包括晨间接待、晨间活动、餐点活动、饮水、如厕与盥洗、教学活动、午睡活动、区域与游戏活动以及离园一日活动常规中的每项工作内容。然而,仅仅反思是不够的,只有最终落实到自我管理中,才能真正提高自身保教水平和能力。

为了提高保教质量,幼儿园往往通过对幼儿园教师建章立制、引领规划、园本培训和激励等方法进行管理。自上而下的管理不仅不利于教师内在积极性的发挥,也留下了管理空白。因为,在幼儿园实际班级保教工作中,保教质量的提高有赖于幼儿园教师在班级一日活动常规中的自我管理。

幼儿园教师在一日活动常规中的自我管理,是指教师在幼儿园一日活动各项主要常规工作中对自身成长的管理;是幼儿园教师从自身出发对内的调节与管理;是随着幼儿园教学改革的不断深入,打破现有的自上而下的教师管理和评价模式;是基于提高幼儿园的管理效度和提高保教质量,教师促进自身自我发展的管理。

在研究中发现,由于幼儿园保教工作的繁琐、职业倦怠、幼儿园教师流动性较大等因素,有不少幼儿园教师不仅反思能力弱,更缺乏自我管理意识和自我管理能力,这样既不利于自身专业成长,也不利于幼儿成长。

幼儿园教师自我管理研究还很薄弱,理论和规律远远不能有效指导我国当前的学前教育实践活动。编者基于时代发展的需求,结合多年幼儿园教师教育工作、幼儿园教师的培训工作,在对河北省教育科学"十二五"规划重点课题"城市与农村幼儿园班级管理比较及干预研究"(课题编号:13041901)的研究基础上,依托幼儿园一日活动常规中幼儿园教师自我管理案例,与幼儿园园长和教师一起编写本书。

本教材具有以下特点:

1. 内容全面。涵盖幼儿入园到离园各环节的活动内容。

2. 目标定位准确。教材依托案例，能促进幼儿园教师对自主发展与自我管理的理解，有效激发教师自我管理的积极主动性。

3. 操作性强。书中内容均由一线幼儿园教师和专家共同编写。一线幼儿园教师提供的真实案例和反思反映了当前幼儿园教师工作的真实状态；专家进行有针对性的评析和建议，有助于提高幼儿园教师自主管理意识和自我管理能力。

本书由丁亚红、史爱芬担任主编并负责全书架构、策划与统稿。

本书编写过程中参考了有关专著和资料，谨此致谢。

敬请各位同行批评指正。

编　者

2019 年 11 月

▶ 目　　录 ◀

第一部分

幼儿园教师在晨间接待和晨间活动中的自我管理

第一节　晨间接待中的教师自我管理

【案例呈现】

案例一

混乱的清晨

还记得刚从保育员老师转岗为教育教学老师的那个清晨,手忙脚乱的情景令我刻骨铭心:有的孩子来得早,有的孩子来得晚;有的孩子能够安静地坐下来看书、玩玩具,而有的孩子总要时不时地出来溜达一圈、串桌抢玩具。好不容易安顿好早来的孩子,刚来的孩子的毛巾又找不到了。第一次我整个早晨都在面对家长。随着我成为主班老师,家长们也仿佛有说不完的话、交流不完的问题。这里刚跟家长说几句话,那里又有小朋友来告状了:"老师,佳佳在玩水,都泼到我的身上了!""老师!琦琦拿错我的毛巾了!"……入园的时间是有限的,老师的精力和注意力也是有限的。而面对热情高涨的家长,面对状况百出的孩子们,应该如何应对并保证幼儿晨间活动的有序进行呢?

教师反思

作为一名中班的青年幼儿教师,虽然工作经验还不够丰富,但是我愿意不断地反思和探索。针对以上描述的情况,有一点我认为至关重要,那就是合理地分割入园时间。

根据本班情况,我将入园时间分为入园前、入园时、入园后三个大时间段。处理好每个时间段的工作,我们的晨间接待才会有条不紊。例如,我园幼儿入园时间为 7:30—8:00。我班幼儿的入园情况为:7:30—7:40 个别幼儿入园;7:40—7:55 幼儿集中入园;7:55—8:00 少量幼儿入园。根据这样的实际情况,我会安排好每个时间段的具体工作,具体情况如下。

入园前的物质准备。7:30 之前完成入园前的物质准备工作,如拖地、打水,把幼儿的毛巾、水杯提前摆放到指定位置,准备好活动的教具等,避免出现幼儿入园时教师还在忙碌其他事务的情况,同时干净明亮的环境也会让幼儿和家长感到身心舒畅。

入园时的师幼配合。7:30—7:40,值日生入园,和其他已经来园的幼儿一起摆放桌椅、玩具。值日生工作一定要分工明确,有的负责在门口做好迎接工作,有的负责帮助其他幼儿找到毛巾和杯子,监督幼儿洗手。此时幼儿较少,教师可与家长进行简短的沟通。7:40—7:55,幼儿集中入园,在这个时间段,幼儿可以从自身兴趣出发自由选择诸如区域活动、桌面游戏、绘本阅读等,开始一天的活动。教师在接待家长和幼儿的同时要注意观察幼儿游戏情况和情绪,避免与家长进行过多的交流。家长如果有重要的事情,可安排在幼儿离园时沟通。带班教师需与保育员老师配合,保证寝室和盥洗室以及活动室幼儿的安全。

入园后的集中活动。7:55—8:00,大部分幼儿已经入园,教师可以准备集体游戏或活动,例如成语接龙、古诗接龙、"小小快递员"的游戏等,稳定幼儿情绪,为早餐做准备。

入园是孩子们在幼儿园一天美好生活的开始:开开心心地来到幼儿园,安安全全地度过入园时间,高高兴兴地跟家长说再见。而顺利完成晨间接待则是幼儿教师完成一天幼儿园工作的良好开端:处理纷杂的琐事,安顿每一个孩子,简洁高效地进行家园沟通,践行晨间接待各个环节的工作。通过时间的划分,每个时间段的具体情况以及相对应的工作就会非常清晰,教师实施起来也不会手忙脚乱。以上只是我作为一名青年幼儿教师的小小感悟。其实晨间接待的内容涉及多个方面,例如教师的仪容仪表、家园沟通的要素、耐心细致的晨检等等,每个人需要学习和交流的内容也各有侧重。我们要将学习和探索的态度一以贯之,也唯有这样才能真正体会到晨间接待所具有的深远教育价值。

河北省直机关第二幼儿园　燕晓倩

案例二

伊伊的床铺

周一的早上,我正引导家长们放被褥,安慰哭泣的幼儿,指挥调皮的小朋友摆放桌椅,一天的工作就在忙碌中开始了。这时,伊伊的奶奶走过来,态度有些强硬地说:"老师,有人把被子放到我们的床上了。"我赶忙走过去瞧,纳闷道:"阿姨,这个小朋友一直是睡这张床的啊,您是不是记错了?"伊伊奶奶皱着眉头说:"不可能!上周五我就是从这个床上拿走的被褥。还有,我们伊伊想睡上铺,我看旁边有个空床,就让伊伊睡那儿吧!"我赶忙解释:"阿姨,那个上铺是轩轩的床,孩子暂时请假了,现在没有其他的空床。"伊伊奶奶继续说:"孩子要睡上铺,我们就睡那儿。"我正要进一步解释时,远处传来小朋友的声音:"老师!宸宸抢我的椅子!"于是我赶紧对伊伊奶奶说:"阿姨,您看早上我们挺忙的,孩子们也该吃饭了,您先把被子放在这儿,等上午有空了,我帮伊伊解决床铺的问题。"

教师反思

由于早上时间紧张,我选择先安抚家长,让其离开,以保证班级后续活动的顺利开展。在空闲时间,经过仔细的询问发现,的确是伊伊记错床铺的位置。于是,我和保育老师商量,为避免再次发生类似问题,在每张床上贴孩子的大头照片,家长放被褥时可以一目了然。我又征询伊伊和其他小朋友的意见,有小朋友主动提出和伊伊交换床位,将上铺让给伊伊。到幼儿离园时,我与伊伊奶奶再次说明情况,进行沟通。最后伊伊奶奶向我表示感谢,这个问题得到妥善解决。

早晨是幼儿园一天中最为忙碌的时间,更是尤为关键的一环。教师不仅要接待幼儿,安抚幼儿的情绪,还要在短短的半小时内与家长进行良好有效的沟通,甚至处理好突发事件。

此时,面对家长的质疑和要求,需要教师与家长进行最有效率的沟通。首先,教师应将准备工作提前做好。如果我提前将床铺贴好照片,就不会发生找不到床铺的问题。其次,教师的态度应该端正,无论何时都应用平和、礼貌的姿态与家长沟通。最后,教师应分清主次工作,保证大部分幼儿顺利入园,有序开展活动。暂时不能解决的问题可以等事后再解决。

幼儿园里无小事,小到一把椅子、一张床,大到幼儿之间的矛盾冲突,都需要教师细心、耐心地协调解决。而晨间接待作为教师与家长直接接触的环节,是赢得家长信任和支持的窗口。如何用恰当的语言和姿态与家长交流,并在最短的时间内解决矛盾,这都对教师提出了很高的要求。

河北省直机关第二幼儿园　王媛媛

案例三

大嗓门惹的祸

早晨7:30分,我准时站在班级门口,面带微笑,准备迎接一个个"小天使"的到来。只见王万钧的爸爸拉着他气呼呼地向我走来:"王泽森在哪? 我要问问他有没有威胁恐吓我家孩子?"边说边要冲进活动室。我赶紧拦住王万钧爸爸,安抚道:"您先别着急,事情还没有弄清楚,您一定是误会孩子们了。"紧接着,我蹲下来询问王万钧发生了什么事。原来,在昨天的分享阅读时间,王万钧没有好好看书,王泽森提醒他,说话声音很大,吓哭了王万钧。弄清了事情之后,我向王万钧爸爸解释:"孩子们年龄很小,不懂得威胁恐吓,王泽森是出于好意,想要帮助王万钧,只是表达方式不太好,声音有些大了,我今天会和他们两个谈谈,教会孩子正确的方法。您刚才想要冲进去质问孩子的行为也是不对的。"听了我的话,王万钧爸爸也有些不好意思,表示自己刚才确实有些冲动了。

教师反思

每个父母都很爱自己的孩子,当听到孩子在幼儿园受到伤害后容易不理智。面对冲动的家长,首先我的态度平和,不急不躁,尽量先安抚家长的焦急情绪,请王万钧的爸爸耐心等待我了解事情的具体情况。然后,我找到王万钧,仔细询问事情的详细过程,发现矛盾的根源在于王泽森说话声音过大。于是,我和幼儿一起阅读了绘本《大嗓门爸爸》,明白了在很多的时候,如果我们说话声音太大,就会引起他人的不满。王泽森小朋友也意识到昨天的大嗓门行为无意间伤害到了王万钧,并向王万钧道歉。最后,我将这件事情的处理方式和结果告诉王万钧的爸爸,并进一步向家长解释,得到了王万钧爸爸的理解。这位爸爸也很感谢我的耐心细致。

河北省直机关第二幼儿园　张　蕾

【案例评析】

晨间接待是幼儿园一日生活的重要组成部分,是幼儿入园的第一个环节,也是建立良好家园关系的宝贵契机。这个环节需要幼儿、家长、教师三方的互动。此时,教师若展现出良好的师幼关系,做到与家长的高效互动,不仅能开启幼儿一日生活的快乐之门,也能赢得家长对教师的信任与支持,增进家园情感。

案例一中,教师刚刚从保育员岗位转到教师岗位,对晨间接待工作内容不熟悉,缺乏晨间接待的经验和技巧,在晨间接待环节出现了一系列棘手的问题。多数幼儿园晨间接待时间在30分钟左右,教师合理安排工作"精准发力"显得尤为重要。每个孩子都是独一无二的,他们有的安静,有的好动,有的听话,有的顽皮,教师应对孩子的性格特点做到心中有数,有针对性地提供材料和引导,才能确保晨间接待有条不紊。案例中,教师在与家长的沟通中缺乏谈话领导力,没有采取正确的回应策略和方法,是造成家长喋喋不休、教师无暇照顾孩子的直接原因。当遇到此类问题时,教师必须把控谈话的核心,控制谈话的时间,使谈话做到精、准、简,实现高效沟通,确保工作的有效开展。

案例二中,周一早晨家长给幼儿放被褥的场景是很常见的,伊伊奶奶在放被褥时向教师提出无理要求,且态度强硬,表现出不满情绪。此时,教师没有在当下满足她的要求,而是采取了先安抚、再解决、后反馈的策略妥善解决了问题,扭转了局面,最终获得了伊伊奶奶的认可。案例中,教师没有随口答应伊伊奶奶强占他人床铺的要求,避免了引发更多冲突的可能。随后,教师及时与保育员沟通,采取贴标签的补救措施做到了"防患于未然",又通过询问、调查、征求幼儿意见的形式为伊伊换床成功,体现了理解儿童、尊重儿童的教育观。在日常工作中,教师常常会遇到像伊伊奶奶这样的家长,尤其是一些老人,他们爱子心切,对孩子的爱往往没有原则,总把自家孩子的利益放在第一位,当提出的要求不被满足时就会态度强硬、情绪激动。教师面对这类家长时,如果针锋相对只会激化矛盾,影响工作的正常开展;冷静处理,缓一缓再解决则是不错的选择。

案例三中,万均小朋友的爸爸在不了解事实的情况下要冲进活动室指责泽森小朋友,这一行为是极不理智的,幸好教师及时制止。此时,如果制止不及时,不仅会使泽森小朋友的心灵受到伤害,很有可能会因为两个孩子之间的误会引发两个家庭的矛盾,给幼儿园工作带来不良影响。晨间接待时间诸如此类的事情偶有发生,当遇到突发事件时,保护孩子安全是教师的首要职责。幼儿在园期间,教师就应该像父母一样关爱每一个孩子,保护他们的身体,呵护他们的心灵,让他们释放天性远离伤害。

泽森小朋友在阅读时间大声提醒万钧小朋友好好看书,以至于将万钧吓哭,这非常值得深思,究竟是一种怎样的语言表达方式居然能把朝夕相处的同伴吓哭?模仿是幼儿口头语言学习的主要途径,孩子的表达方式和语气会不自觉地受到身边人的榜样暗示。我们应该反思一下,教师和家长在日常生活中是否为孩子们树立了好的榜样?通过阅读绘本故事可以帮助孩子理解一些道理,但是要培养孩子文明守礼、与人为善的讲话方式绝不是阅读一两本绘本就能做到的。孩子的语言习惯是在日常生活中一点一滴积累起来的,教师和家长必须做到身正为范。

晨间接待是一项复杂又有学问的工作。只有晨间接待工作做到位,幼儿才能快乐,家长才能放心。如果这个环节教师处事不当,就会造成家长不满,导致家园关系紧张,甚至出现安全隐患,直接影响幼儿园工作质量。目前在幼儿园晨间接待过程中主要存在以下问题:

第一,对幼儿的问好回应不礼貌、不及时。

师生相互问好是幼儿入园时要做的第一件事情,也是一日礼仪教育之始。此时,成人往往都在教育幼儿要做有礼貌的孩子,要主动向老师问好,而一些教师的表现却不尽如人意。当孩子踏入班级大门对着老师说"老师好"之后得到的回应往往有几种不适宜情形:一是教师语气平淡地对着孩子简单回应一句"你好";二是教师只是随口敷衍一句"你好"却没有看孩子一眼;三是老师在忙于其他的事情根本就没有注意到孩子的问好所以没有及时做出回应。能主动先向孩子问好的教师更是寥寥无几。教师对问好环节的忽视使具有仪式感的入园礼变成了简单的走过场。

第二,教师对入园时哭闹的幼儿耐心不足。

幼儿入园哭闹现象常有发生,小班初期较为明显,中大班幼儿偶尔也会出现哭闹现象。教师在接待哭闹幼儿时多是采用简单的口头安慰,缺乏与幼儿眼神、动作的交流和情感互动。在简单安慰无效的情况下一些教师往往失去耐心,有的教师会出现肢体动作不当行为(如用手拽着幼儿走,孩子跟不上教师的步伐与节奏造成气氛紧张的局面);有的教师在无意中对幼儿实行了"暴力沟通",如:"再哭,小朋友们都不喜欢你了!""你都大班了还哭,真羞"。这些不当言行不但会对幼儿身心健康发展造成不良影响,还会引起家长的误会和不满。

第三,教师对幼儿的身体和情感需要不够关注。

由于受到在园生活情况、家庭生活情况及个人身体健康情况等多种因素的影响,幼儿每天入园的情绪情感也会不同。入园时,有的幼儿高高兴兴,有的会闷闷不乐。而此时,教师往往按部就班地接待家长、组织幼儿活动,对幼儿的身体状况和心理状态观察不够,尤其是那些平时不主动接近教师的幼儿往往更易被忽视。也许,此时正有一个孩子坐在角落期待有人能给他一个甜甜的微笑,一句暖暖的安慰或是一个大大的拥抱。

第四,教师在与家长的沟通中缺乏技巧。

晨间接待时,有些教师缺乏与家长进行沟通交流的技巧,存在的问题主要包括表情不当、言语不当和时机、时间把握不当等。如:教师在接待家长时面无表情,态度冷淡,不积极、不热情;在和家长沟通时,语言随意性大,缺乏专业性;不能站在家长的立场思考问题,说话太直,让家长不能接受;不能较好地把控谈话时机和时间,造成谈话内容缺乏重点,谈话节奏拖沓,影响晨间活动的组织。

第五,遇到突发事件时缺乏应对策略。

晨间接待环节常有一些家长会因对孩子过于溺爱,或是对幼儿园工作不了解、对教师工作误解等原因出现不理智的言行。此时,有的教师会把控不好自己的情绪引发与家长的语言冲突,也有的教师因采取了不正确的处事方法使事情变得复杂,造成了家园间的隔阂。

【目标设定】

俗话说"一年之计在于春,一日之计在于晨"。虽然晨间接待工作只有短短的半个多小时,但做好这项工作却是开启孩子在幼儿园快乐生活学习的第一道大门,是让家长一整天都能安心落意的定心九。幼儿园教师在晨间接待过程中应达到以下几个目标。

一、教师要有序组织入园,确保幼儿安全

1. 做好环境准备,排除安全隐患。

2. 站在班级门口迎接幼儿来园。

二、教师要热情接待家长与幼儿,使其获得归属感

1. 做到仪容仪表端庄得体,如穿工装、不披散头发、不浓妆艳抹等。

2. 情绪积极饱满,面带微笑。

3. 主动向幼儿和家长打招呼,说话音量适中,有亲和力,通过榜样示范等方式对幼儿进行礼仪教育。

4. 根据幼儿年龄特点使用恰当的语言和肢体语言增进师生情感。

对待小班幼儿,教师要担负起幼儿父母亲的角色,抱一抱,亲一亲,亲切地呼唤幼儿的乳名等,拉近师生间的距离,让幼儿对教师产生信任感、亲近感。对待中大班幼儿,教师可以亲切地拉拉幼儿的手,蹲下来和幼儿聊几句,或以幼儿朋友的身份说激励的话,和幼儿击击掌、拍拍肩等,调动幼儿快乐的情绪。

三、细心观察,积极引导,确保幼儿身心健康发展

1. 观察幼儿脸色、精神状态。发现幼儿身体不适及时与保健医生取得联系。

2. 发现情绪不佳的幼儿及时给予关怀,疏导不良情绪,帮助幼儿形成积极的情绪。

3. 注重个别化教育,针对幼儿的特殊表现、不良习惯进行个别引导,使幼儿养成良好的行为习惯。

四、促进能力发展,培养互助意识

1. 引导幼儿自己的事情自己做,如自己脱外套、叠外套、摆放物品等。

2. 鼓励幼儿帮助小朋友或老师做力所能及的事情,如照顾动植物、做简单的环境清洁或整理等。

五、采取适宜的方法和策略做到短时间内与家长高效沟通

1. 面对"嘱托"式家长,教师应积极回应,让家长放心。早上入园时,多数家长急于上班,没有什么需求的家长在孩子进班后就会离开。有的家长会针对孩子的具体情况对老师嘱托,如:孩子上火了,请老师提醒孩子多喝水;孩子今天胃口不好让他少吃点等。此时,教师应快速做出回应,必要时可以让家长以便签的形式留言,避免忘记。

2. 面对"聊天"式家长,教师要掌控谈话要点,控制谈话时间,避免造成幼儿没人管的局面。有的家长没什么事就是想在班里多待会儿,拉着老师闲聊。遇到这种情况,教师不能长时间与其交谈,必须把控谈话的内容要点,委婉地劝家长离开,以免影响工作质量。

3. 面对"问题"式家长,教师要做到耐心聆听,专业引导,循循善诱。个别家长会因为对幼儿园工作不理解,或是孩子在幼儿园生活中出现了问题等原因在晨间接待时向教师询问或提出建议。此时,教师应耐心了解情况,真诚与家长沟通,能当场解决的问题当场解决,不适合当场解决的问题要向家长说明情况,取得家长理解,利用其他时间解决问题并及时向家长反馈。一旦遇到家长情绪激动或出现不当行为的情况,教师必须保持冷静,机智应对,用谦卑和善的态度,严谨委婉的语言,科学专业的方法取得家长的尊重、理解与信任。

【幼儿园教师自我管理基准线】 ▼

教师的个人修养、专业素质和能力都直接影响着晨间接待的质量。幼儿园教师要从以下几方面加强自我管理。

一、注重个人修养,保持良好的心态

教师在日常生活和工作中要注重修养身心,做到对生命保持敬畏之心,对幼儿保持仁爱之心,对家长保持真诚之情,对岗位保持挚爱之意,对专业保持求索之趣,对自己保持幸福之力。

二、提升观察能力,把握教育契机

观察能力是幼儿园教师最核心的专业能力之一。教师要做到"以儿童为中心",认真观察每一个孩子,对观察到的信息进行分析和解读,提供有效的引导与支持。同时,要注意对家长"察言观色",了解他们的需求及时回应,有效把握家园共育契机。

三、不断加强学习,提升心理学运用能力

教师应持续进行心理学相关知识的学习,并尝试在工作中科学运用。一是要深入了解幼儿的心理变化过程及不同阶段幼儿心理特点,做"懂孩子"的教师,用适宜幼儿发展的方式引导他们。二是要运用心理学知识分析家长的心理需求,有目的地开展家园工作,达到事半功倍的效果。

四、加强对是非的判断力和辨别力

教师要熟悉国家颁布的幼儿园教育各项政策法规和文件,对是非对错有一定的判断力和辨别力,遇到问题尽全力维护孩子的安全和利益。

五、掌握交流艺术,提升与家长的沟通能力

俗话说:"人之相知,贵在沟通。"良好的沟通能力是教师顺利开展家园工作的具备素质。教师应在工作中不断摸索和积累与家长有效沟通的方法和策略,拓展思维,灵活应变,掌握交流艺术,赢得每一位家长的理解、支持与配合,实现与家长的高效沟通,形成教育合力。

点评:河北省直机关第三幼儿园　马瑞敏

第二节　晨间活动中的教师自我管理

【案例呈现】

案例一　　　　　拼图(小班)

今天的晨间活动是玩益智区玩具,晴晴选择了四格拼图和九格拼图游戏,她将拼图盒子端到桌面上和一旁的萱萱一起玩。萱萱选择了一个四格拼图,她先把拼图一个一个地拆下来,然后对着拼图的边框一个一个地拼好;晴晴选择了一个九格拼图,她把九块拼图一股脑倒在了桌子上,然后拿起来一块就开始在桌子上拼。3分钟后,晨间活动结束了,我要求孩子们收拾玩具、洗手准备吃饭,晴晴着急了:"我这个拼不好怎么办?"我提示她和萱萱一起把没拼好的拼图挪到一边的桌子上继续拼好,老师需要进行桌面消毒。萱萱帮她把拼图挪到旁边的桌子上继续拼。大约2分钟后,萱萱已经离开去洗手了。我走过去看晴晴拼图的进度,结果晴晴不光没有把之前打开的拼图拼好,还另外拆开了两张原本拼好的拼图。为了不影响早餐时间,我请晴晴去洗手,让已经洗好手的萱萱来帮她把剩下的拼好,晴晴撅着小嘴看了看我离开了。我继续做餐前准备,约1分钟后,我看见晴晴又凑过去和萱萱一起收拾拼图,而且拼图依然没有拼好。我请她们两个都离开,早饭后再来继续拼,晴晴低着头离开了。

教师反思

刚入园两个月的小班孩子,刚刚度过了入园适应期,对班里许多玩具的玩法技巧都不熟悉,收整材料需要较长的时间。而晨间活动时间较短,因此案例中晨间活动材料投放上有些不适宜,应该投放适合该时间段玩耍并且容易收整的玩具,比如桌面玩具等。

晴晴是班里年龄较大的孩子,自尊心较强,但是动手能力一般,这使她常常受挫。晴晴不是第一次玩拼图,但她因为没有掌握拼图的技巧和方法,无法完成游戏。在早餐后交流中她告诉我,她看着别人拼得挺简单的,可是她就是怎么拼也不会,说完她又低下了头。我告诉她,以后遇到了困难要学

会向老师、小朋友寻求帮助,这样问题才能得到更好的解决。

早晨的时间安排很紧张,但是如果我请她收拾玩具时,先表扬她的坚持和不放弃,再告诉她,早餐后再试试,会让晴晴更愿意接受。作为教师,在任何活动中都要有一双善于发现的眼睛,只要发现了问题,就应该及时反思并和孩子们一起沟通解决,不能任由事情这样过去。

河北省直机关第二幼儿园　殷　彤

案例二　　　　　　　　　　**琦琦跟恒恒吵起来了(大班)**

清晨我站在活动室门口迎接小朋友,并提醒来园的孩子先去卧室自己挂杯子和毛巾。这时,杉杉从卧室跑出来告诉我:"唐老师,琦琦跟恒恒吵起来了。"卧室门口,我看见琦琦和恒恒正站在水杯架前,气呼呼地看着对方。我赶紧跑过去询问是怎么回事。原来,琦琦在水杯架前找自己杯子的时间太长,排在他后面的恒恒等不及了要挤到琦琦前面先找,琦琦不同意,推了恒恒一下,于是吵起来了。了解完情况,我说:"琦琦,如果你实在找不到杯子的话你可以向其他小朋友寻求帮助,恒恒虽然催你,可是你不能推他。恒恒,如果等不及,你可以帮助他,不排队是不对的哦。来,互相道个歉。"两个人低着头说:"好吧,对不起。"

八点零五分,早餐马上要开始了,浩浩还没有过来,我去卧室催他:"浩浩,要吃饭了,你快点过来。"浩浩着急地说:"老师,我的毛巾还没挂呢,我都找了半天了,就是找不到我的毛巾。"我帮浩浩在毛巾架上找到了毛巾,让他赶紧洗手过来吃饭。

教师反思

升入大班后,我们更换了教室,新的活动室和卧室中间没有打通,是分开的两个房间。清晨,我需要把杯子、毛巾摆放在卧室,方便孩子们挂到贴着自己学号的位置,而我要站在活动室门口迎接小朋友。这时就出现了一个问题,我迎接小朋友时是看不到卧室情况的。在孩子集中来园的时间里,孩子们会因为找杯子、毛巾发生拥挤,这时需要老师来维持秩序,造成了我分身乏术的窘境。当生活老师去打饭的时候总是我最提心吊胆的时刻,针对这种情况我该怎么解决呢?

《3—6岁儿童学习与发展指南》中要求大班幼儿:"能认真负责地完成自己所接受的任务。"大班幼儿的能力和责任感相较于中班有了很大的进步,如何通过恰当的方法使之进一步提升,是大班老师的任务之一。于是,我结合班级情况,利用我们班的值日生制度想了一个解决的办法:请每天的值日生来当我的"小助手"。我要求值日生七点五十分"到岗",那个时间在小朋友集中来之前。一名值日生站在杯子区,负责帮助其他孩子找杯子并维持秩序,提醒孩子们排队;一名值日生站在毛巾区,负责帮助其他孩子找毛巾;剩下的两个孩子和我一起在门口迎接小朋友,并提醒大家插区域卡,填写"区域选择记录表"。

通过一段时间的实践,我发现这个办法让我们班晨间活动的秩序有了很大的提升,难题顺利解决了。

让值日生来担当我的小助手,协助我管理其他孩子,使得每一个人都有机会参与到班级的管理中,这样的安排调动了孩子们的值日积极性。通过这个活动,我们班的值日生基本能够做到清晨按时来园,来园后迅速"到岗"开始任务。任务中,虽然看似只是简单地提醒他人,但是在任务过程中,孩子们不仅感受到了帮助他人的快乐,还使自身的规则意识也逐渐增强。我们班孩子逐渐养成了在任何时候都要排队的好习惯。

河北省直机关第二幼儿园　唐甜甜

案例三　　　　　　　　　　**我喜欢魔尺了(大班)**

清晨,我站在教室门口。伴着明媚的阳光,可爱的孩子们像小鸟一样,叽叽喳喳地来到我的面前,他们的脸上洋溢着笑容。"老师，早上好！""早上好！"我们互相打完招呼后，他们就一溜烟儿地跑进了教室。

李依卓小朋友也像他们一样快速地跑进盥洗室洗手去了，我在门口左等右等，也不见她出来，就迫不及待地冲着里面喊："洗完手快点出来，玩魔尺喽！"又过了一会儿，还是不见她出来，有些心急的我三步并作两步走了进去，只见她低着头站在里面，脸上早已没了刚才的笑容。我赶紧蹲下来，拉着她的手，轻声询问："你怎么了？为什么不高兴呀？"她低着头不说话，也不看我。我犹豫了一下，决定把她带到玩具柜旁，顺手递给了她一个魔尺，微笑着说："玩会儿魔尺吧，可有意思了，小朋友们都在玩！"她依旧低着头，不看我也不肯玩魔尺。我摸摸她的额头，关心地问："你有哪里不舒服吗？能不能告诉我发生了什么事情呢？"她张了张嘴，又沉默了几秒钟后，用很小的声音回答我："我不想玩魔尺。""哦？这可是新玩具，小朋友都抢着玩，你为什么不喜欢呢？"我赶紧追问。她略带哭腔吞吞吐吐地说："我不会收成长方形。"原来是这样啊！我长出一口气，一边轻轻地拍拍她的肩膀，一边温柔地对她说"没关系的，我来帮你。首先，请你把它变成一条直线，然后找到这条直线的中点，折上去……"我一步一步详细引导着她操作，没过一会儿，她就学会了将魔尺折成长方形，和小朋友们有说有笑，比着变换魔尺的造型，一会儿变成手枪，一会儿变成毛毛虫。

教师反思

《幼儿园教育指导纲要（试行）》中指出："要关注个别差异，促进每个幼儿富有个性的发展。"魔尺是刚刚投放的新材料，小朋友们都很喜欢玩，但是魔尺的操作也有一定的难度，有的幼儿能够快速掌握魔尺的操作规律，变换多种造型。有的幼儿也很喜欢玩魔尺，但是掌握魔尺玩法较慢。李依卓小朋友就属于后者，而且她性格偏内向，不爱表达。她在晨间入园时情绪稳定，之后由于遇到魔尺游戏困难，又不会向老师和其他幼儿寻求帮助，导致情绪低落。老师在巡视中及时发现了这一情况，并积极采取了分步骤详细讲解的策略帮助她解决了问题，既保护了幼儿的自尊心，又树立了幼儿游戏的自信心。

河北省直机关第二幼儿园　张　蕾

【案例评析】

在案例一中，教师对晴晴小朋友拼图活动的处理方式既有值得借鉴的一面，也有不当的地方。值得借鉴的做法是教师没有直接以要吃饭需要消毒桌面为由要求幼儿将游戏材料收起，而是允许她把材料先放到旁边，待吃完饭后继续完成，执行生活制度具有一定的弹性和灵活性，体现了教师对幼儿活动意愿的尊重。不当的方面是教师在后面了解到了晴晴在拼图活动中遇到的困难——"因为没有掌握拼图的技巧和方法，无法完成游戏"，但是并没有给予晴晴针对性的帮助和支持，只是空洞地告诉幼儿"遇到了困难要学会向老师、小朋友寻求帮助"。其实幼儿的问题并没有真正地得到解决。产生这样结果的原因应该是教师对于幼儿游戏技能的发展缺乏认识或足够的重视，认为幼儿多玩就能提高。遇到这样的情况，教师可以建议幼儿先使用拼图块数较少的拼图，待成功后，与幼儿讨论他拼图的过程，帮助幼儿明晰拼图的技巧，如：找到图案、线条拼接线索，等等。然后再让幼儿尝试稍多块数的拼图。另外，教师在拼图材料投放上，从四块拼图直接过渡到九块拼图，难度跨度过大，两位幼儿都不能完成九块拼图。还有一个细节问题，孩子洗手之后应该直接进入进餐环节，不应再接触材料，这是教师需要考虑的一个衔接问题。

在案例二中，教师并没有简单地将幼儿发生冲突的原因归结为幼儿规则意识差，而是发现了深层次的教师管理方面的问题。从幼儿的冲突想到了以值日生为"小助手"来帮助教师对晨间活动的管理，应该说起到了较好的效果，展现了教师较强的反思能力。另一方面，两个幼儿产生冲突的原因是找不到杯子，另一个幼儿迟迟不能来进餐是因为找不到毛巾，这可能还有杯子、毛巾上幼儿个人标示不够明显的原因,教师还可以通过改善个人标示来减少幼儿在这些方面的寻找难度,缩短时间。

在案例三中,教师针对幼儿不会使用游戏材料的情况进行了个别指导,提高了幼儿的游戏技能,使幼儿享受了游戏的乐趣。但是从教师的描述中可以看出,教师对幼儿的活动进行了高度控制,幼儿没有选择游戏和游戏材料的权利,只能被动地接受教师指定的游戏材料,活动缺乏自主性。而产生这一问题的原因在于教师没有为幼儿提供可以自由选择的机会,也没有提供可以供幼儿自由选择的丰富的材料。

晨间活动是幼儿园一日生活的开端,在此环节中,教师完成晨间接待的同时,还需要组织幼儿进行生活物品整理、晨间游戏,指导值日生,安抚幼儿情绪等工作,内容繁杂。目前,在幼儿园晨间活动中,主要存在以下问题。

第一,晨间活动缺乏计划性和指导性。

在很多班级的晨间活动时间,教师或是忙于接待家长,或是忙于安抚幼儿情绪,或是忙于准备餐前准备,幼儿的晨间活动基本处于"放羊"状态,对于幼儿的各项自主活动都缺乏指导,自由松散。很多农村幼儿教师是转岗教师,不能真正意识到幼儿的一日生活皆教育,忽视对晨间活动的计划和指导。

第二,晨间活动形式单一,材料缺乏或投放缺乏层次性。

很多班级的晨间活动是由教师直接指定的,幼儿没有机会选择材料进行自己想要的游戏和活动。而在教师指定的材料中,以桌面的积塑游戏、智力游戏和书籍为主要材料,幼儿可以选择的范围很小。在这些材料中,教师也很少考虑层次性,大都是一桌小朋友使用同样的材料。在很多农村幼儿园的班级中,活动材料存在严重不足的情况,教师所能提供的材料数量也不足以满足幼儿的需要。

第三,对值日生的指导工作缺乏计划和指导,流于形式。

有的班级教师对值日生的工作不够重视,缺乏指导,致使值日生只有一个标志,而没有进行实质性的工作,对幼儿不能够产生教育作用;或者值日生只是一个"礼仪接待工作",基本流于形式。这个现象产生的原因是教师没有认真研究值日生的工作和对幼儿发展的价值,没有做好值日生工作的指导计划。

产生以上问题的原因主要是教师对晨间活动不够重视。晨间活动是一个过渡阶段,时间短,教师需要完成的工作繁多,因而很多教师的注意力前期放在对家长的接待上,后期放在后续活动的准备上,对晨间活动关注不够,重视程度不高,研究不够。

【目标设定】

晨间活动是幼儿园一日生活的开端,轻松愉快的活动可以使幼儿忘却与家长分离的不良情绪,精神饱满地投入幼儿园的一日生活中去。组织晨间活动,教师要达到以下目标。

一、依据幼儿的年龄特点,指导幼儿整理生活用品,培养幼儿良好的生活习惯和自理能力

1. 对于小班幼儿,教师要帮助小班幼儿将脱掉的外衣放(挂)到指定位置。中班、大班时期则要逐渐指导幼儿学会折叠衣物,独立将衣物叠放、挂放到指定位置。教师可以在相应位置做好标识和折叠衣物的步骤图,让幼儿逐步学会独立操作。

2. 逐渐指导中班幼儿将毛巾、水杯摆放到对应位置。教师需要将毛巾、水杯和相应位置做好对应标志,便于幼儿寻找、操作和归位,并引导幼儿熟悉这些标志。在标志的设定中,中班幼儿可以使用简单图案,大班幼儿则可以使用姓名或数字符号。

3. 指导大班幼儿整理携带的学习用品,放到指定位置。教师可以制作步骤图帮助幼儿进行独立整理。

二、以幼儿自主游戏为主,组织丰富多彩的晨间活动

教师在晨间活动时可组织幼儿进行晨练、观察、自主游戏等活动,但不宜组织全班集体活动。

1. 教师应该依据幼儿的年龄特点准备和投放各类游戏和玩具材料。游戏材料的种类宜丰富多样,满足幼儿不同兴趣需求。晨间活动时间一般较短,不适宜介绍新的玩具材料,可让幼儿直接使用区域中的材料。

2. 玩具材料的投放应该为开放式,允许幼儿自己选择游戏和游戏材料,参加自己喜欢的活动。

3. 必要时指导幼儿进行游戏。在幼儿自由游戏时,教师要对幼儿游戏的情况进行观察;当幼儿需要时,要对幼儿的游戏进行指导,提高幼儿游戏的能力,促进幼儿在游戏中获得最优的发展。

4. 活动结束时,指导幼儿有秩序地整理,并将玩具放回固定地方。

三、指导中、大班值日生工作,培养幼儿为集体和他人服务的意识和能力

1. 教师要在前一天辅导幼儿做好值日生的交接工作,发放值日生标志,增强值日生的任务意识,叮嘱其第二天提前到园。

2. 指导值日生收拾整理室内环境,如擦桌椅、整理玩具柜、摆放收拾玩具及活动区等。

3. 指导幼儿记录气象日志,点数人数,检查、报告本班缺席小朋友。

4. 指导幼儿进行自然角工作,给自然角的动、植物浇水,做好清洁工作,进行观察日记的记录工作。

四、关注和安慰情绪不好的幼儿

教师应该以耐心和真情与幼儿互动,使用关爱的语言和亲切的拥抱、抚摸等动作安抚幼儿,与幼儿建立良好的依恋关系,增强师生情感,帮助幼儿尽快融入集体生活。

五、与幼儿进行晨间谈话

在幼儿刚刚进入幼儿园时,教师也可以随机与幼儿进行交谈,既是提供幼儿一次口语表达的机会,也可以让教师深入地了解每一个幼儿,对幼儿进行个别化教育。教师可以针对不同年龄段幼儿的生理心理特点和阅历,有计划地制定出交流的内容,逐步引导他们的口语表达由简单到复杂。晨间谈话可以谈的内容,大致有以下几类:

1. 疏导类,让情绪不好的孩子诉说委屈和不快。

2. 表达感受类,请幼儿表达自己对某些事物的感受,如最爱的玩具、最喜欢的动画片等。

3. 述说见闻类,请幼儿说说自己在家庭中、在假日或在幼儿园耳闻目睹的事情。

4. 想象类,让幼儿插上想象的翅膀,说说自己的梦想、创造的事物等。

【幼儿园教师自我管理基准线】

为组织好晨间活动,增强晨间活动的有效性,教师应该做到以下几点。

一、充分认识晨间活动的作用

丰富多彩、自由快乐的晨间活动可以让幼儿一进入幼儿园后就有一个轻松愉快的心情,有利于幼儿精神饱满地开始一日生活。同时,晨间活动对幼儿的身心发展也有着促进作用。整理物品、值日生工作可以让幼儿在服务自己、服务环境的意识和能力上得到提高;自主选择的活动可以最大限度地满足幼儿自由探索、个别学习的需求。幼儿园教师要认识晨间活动对于幼儿顺利开始幼儿园一日生活的重要作用和对幼儿身心发展的价值,这样才能认真对待晨间活动中的每一个环节,将各项内容和要求严格地落实。

二、充分做好晨间活动的准备,增强计划性

教师应该根据幼儿年龄的特点和本班幼儿的发展水平,充分做好晨间活动的各项准备。如,对于值日生工作任务应有符合幼儿水平的规划和提前的指导;自由游戏的材料准备应该准备充分并具有层次性,等等。

三、细化晨间活动的流程,强化幼儿常规培养

晨间活动中,有很多环节和内容是每天都要重复进行的。对于每个环节中重复进行的内容,我们

可以将其仔细分析,细化成程序流程,将各项活动程序做好步骤图和标志,并使幼儿熟知。如:我们可以制作"入班流程图""衣物整理流程图""值日生工作流程图",等等。从常规培养入手,使幼儿形成习惯,这样就可以减少教师晨间活动中管理的工作。

四、提供符合幼儿发展需要的游戏操作材料

在晨间活动中,教师要提供不同层次的趣味性活动材料,以吸引不同幼儿按自己的需要进行活动。材料提供注意:层次性、多样性、趣味性、多功能性等,符合阶段目标、年龄特点。小班可以投放锻炼手部小肌肉群或区分颜色、大小等一些简单概念的材料,以及一些练习生活技能的材料,让小班幼儿在操作中锻炼小手的灵活性,同时提高生活技能。中班幼儿应该投放具有探索性质的、有一定的创造空间的材料,大班幼儿应该投放趣味性强、知识性强的规则性游戏材料或能创造更大空间的原始材料。

点评:石家庄幼儿师范高等专科学校　葛东军

第二部分

幼儿园教师在餐点活动中的自我管理

第一节　幼儿进餐环节中的教师自我管理

【案例呈现】

案例一　　　　　　　　　　**餐前准备活动幼儿故事《运动会》(小班)**

活动背景：

小班幼儿因家长过度娇惯，爱吃什么就吃什么，不爱吃的坚决不吃，到了幼儿园，幼儿挑食的现象非常普遍。大部分幼儿喜欢吃肉，不喜欢吃菜，也不喜欢喝汤，每次开饭时，教师总是说不能挑食，蔬菜有营养，吃蔬菜长得高等等，幼儿早已厌倦了这种枯燥、单一的说教，挑食的现象没有得到明显的改善。看到幼儿碗里的一堆剩饭、剩菜，教师非常头疼，但也很无奈。为了提高幼儿对吃饭的兴趣，教师特选取了这则趣味性很强的小故事《运动会》，希望引导幼儿感受食物的重要性，爱上吃饭，享受吃饭，从而减少幼儿挑食的现象。

一、手指游戏《土豆土豆》，激发幼儿兴趣

师：土豆土豆丝，土豆土豆片，土豆土豆块，土豆土豆丁。

教师一边说一边做动作，幼儿跟着做动作。

师：土豆丝(做动作)做个什么菜呢？醋溜土豆丝吧，炒炒炒(做动作)，炒好了，尝尝怎么样？

幼：真好吃，香喷喷的。

师：土豆片(做动作)做个什么菜呢？青椒土豆片吧，炒炒炒(做动作)，炒好了，尝尝怎么样？

二、师幼谈话，了解幼儿饮食偏好

师：炒了半天土豆，小朋友们都饿了吧？老师想问问小朋友，你们都喜欢吃什么啊？

幼1：吃肉。

师：什么肉？

幼1：鸡腿肉。

幼2：吃虾。

幼3：哈密瓜。

多数幼儿：大米饭。

师：你们有没有喜欢吃的菜呢？

幼1：白菜。

幼2：胡萝卜。

幼3：西红柿炒鸡蛋。

(其他幼儿默不作声，估计不喜欢吃菜。)

师：有的小朋友不喜欢吃菜，你们不喜欢吃什么菜？为什么呢？

幼1：白菜，因为白菜很难吃。

幼2：西红柿、西葫芦，因为太大了。

师：那你正好可以锻炼一下你的牙齿啊！

幼3：青椒，青椒酸。

师：青椒酸吗？

幼3：有一点点酸。

师：谁不挑食，什么都爱吃？

只有几个小朋友高高地举起小手。

师：今天小朋友不能挑食了，因为每个小朋友的肚子里要举行一场运动会，到底是怎么回事呢？我们一起来听一听。

三、教师讲述故事《运动会》

师：宝宝的肚子里要举办一场运动会，邀请大家参加。米饭先生要参加拔河比赛，要先运米到宝宝的肚肚里，怎么运呢？

幼：吃饭、吃米。

师：米饭先生的对手豆子军团的数量太少啦，拔不过米饭先生了，怎么办？

幼：多吃，我家有好多豆子……

师：那就再运些豆子到宝宝的肚子里吧，哎呀，运动场的草皮还没铺，还要吃些青菜把运动场铺好才行。可以吃什么青菜啊？

幼：白菜、西兰花。

师：对，油麦菜、菠菜、油菜也属于青菜，它们都可以让草坪更漂亮。你们愿意吃吗？

幼：愿意。

师：小鱼要参加游泳比赛，可是它躺在盘子里好着急，要让小鱼进去哦，游泳池的水不够了，怎么办？

幼：喝水、喝汤。

师：对，宝宝还要喝些汤才可以让小鱼游泳。你们想让食物在自己的肚子里开运动会吗？

幼：想。

师：那我们就来享受今天的美食吧！

（午餐开始了，今天的午餐是炒甘蓝、香酥龙利鱼、海带肉丝汤、大米饭。）

师：长得瘦弱的小朋友可以多吃一块鱼。

幼1吃完鱼肉，将鱼皮放到了桌子中间的盘子里。

师：你为什么不吃鱼皮？

幼1：因为它长得黑。

师：这是小鱼身上的衣服，小鱼不穿衣服会冷的，吃了吧，好吗？

幼1：好吧。

幼2：老师，我都吃了。

幼1吃完饭后，教师给幼1盛了一碗汤。

幼1：老师，我可以把汤喝完。

师：好的，老师相信你。

幼1喝了一半汤，在那坐着不动了。

幼1：老师，我喝不完了。

师：那小鱼怎么游泳啊？游泳池里的水太少了，再喝点汤吧！

幼1：好。

13

过了一会儿,幼1走到老师身边。

幼1:老师,我把汤都喝完了。

师:你是一个真正的小男子汉。

幼1:小鱼在我肚子里游得可快活了。

师:我也是这么认为的。

幼2把汤喝完了,剩下一些汤里的青菜。

师:如果你把碗里的青菜吃完,你肚子里的草坪会更漂亮的。

幼2没有说话,低头开始吃碗里的青菜。

幼3不吃鱼,他觉得鱼肉有点扎。

师:小鱼想去你的肚子里游泳,吃点吧。

幼3拿起鱼肉吃了一会儿。

幼3:我吃不完了。

师:那好吧,分给其他小朋友一点,小鱼可以去别人的肚子里游泳。

幼3把鱼肉分给了同桌的小朋友,大家都欣然接受。

幼儿在此次进餐中表现都很出色,许多幼儿大口大口地吃饭,所有的菜被大家瓜分完毕,只有两名幼儿剩饭了。虽然最后没有菜了,但有几名幼儿争着要吃白米饭。今天的汤里有海带、紫菜和青菜,平时幼儿都不喜欢吃,但是今天幼儿都努力地在吃,他们都想让更多的食物去参加运动会呢!看到幼儿个个吃得饱饱的,我也感到非常欣慰。

教师反思

教师以手指游戏导入活动,极大地激发了幼儿对食物的兴趣。在师幼讨论中,教师尽量以平等的姿态与幼儿交流,对幼儿不喜欢某些食物的心理给予充分的理解与尊重。教师巧妙地通过有趣的故事来引导幼儿感受各种食物的重要性,幼儿开始积极主动地去克服挑食。在幼儿进餐过程中,当幼儿不想吃时,教师没有给幼儿施加压力,而是使用情境化的语言与幼儿商量,并表现出希望幼儿多吃一点的期许,这种宽松、愉悦的氛围极大促进了幼儿的积极进餐。此次活动的效果显著,但幼儿进餐的兴趣能否持续下去,如何保持这样的进餐效果,这些是需要教师深刻思考的。

河北省直机关第四幼儿园　刘　栋

案例二　　　　　　　　　**进餐礼仪(小班)**

活动目标:

1. 理解故事内容,知道正确的进餐方法。

2. 专心进餐并正确使用餐具,爱护卫生,进餐时保持自己、桌面、地面的清洁。

3. 养成正确进餐的好习惯。

活动准备:

有声绘本《两个娃娃》、绘本封面图片、开心和难过的表情贴纸。

活动过程:

一、播放有声绘本《两个娃娃》

在观看视频的过程中,幼儿都非常认真、专注,大家被富有教育意义的故事情节所吸引。

师:你们喜欢阿花还是胖胖?

幼:喜欢阿花,因为胖胖太脏了。

二、讨论正确的进餐方法

师:"胖胖吃饭不讲卫生,谁愿意当小老师来教育胖胖?"

幼儿顿时来了兴致，大家你一言我一语地说起来。

幼：吃饭要扶着碗；吃饭要安安静静地吃，要不饭就掉出来了；吃饭之前要接着碗吃；吃饭之前要洗手，手上有细菌，会吃到肚子里；饭粒要捡到盘子里……

幼儿教育起别人来个个有板有眼、像模像样。

三、幼儿运用正确的方法进餐

师：吃饭时要向谁学习？

幼：向阿花学习。

于是教师请幼儿运用自己刚才说的方法进餐，看看能不能像阿花一样吃得干净。吃饭过程中，教师提醒幼儿要学阿花，不要学胖胖。刚开始幼儿都非常认真地吃饭，每一组的桌面都干干净净的。过了一会儿，幼1的碗旁边掉了几颗饭粒，教师提醒了一下，幼1赶紧低下头把米粒捡了起来。进餐结束时，教师发现只有幼2的桌子和身上掉了许多饭粒，教师请幼2把自己的餐桌收拾干净，刚开始幼2并不情愿，教师说不收拾干净小蚂蚁就要来了，幼2才主动收拾。

四、总结评价

吃完饭后，许多幼儿向教师炫耀：老师，我的衣服没有弄脏。教师根据幼儿的进餐表现发放表情贴纸，表现好的发开心的表情，表现不好的发难过的表情，并贴在绘本中阿花或者胖胖的相应位置。幼3因为吃饭时说话得到的是难过的贴纸，有点不开心。

师：我们怎么帮助他？

幼：吃饭时不能说话。

师：今天，老师要教给小朋友一个秘密法宝，有了它，每个小朋友都能得到开心的小贴纸。

幼儿兴趣高涨，都想知道法宝是什么，教师适时地引出了"进餐礼仪歌"，请幼儿在以后的生活中利用儿歌约束自己的进餐行为，养成好习惯。幼儿欣然接受，积极主动地跟着教师学起了儿歌。

进餐礼仪歌

要做文明好宝宝，就餐礼仪不能少。

筷子勺子不乱敲，讲话嬉笑就不好。

不挑食也不剩饭，细嚼慢咽肠胃好。

餐后收拾少不了，比比谁是好宝宝。

教师反思

小班幼儿心理发展水平和理解能力较低，而绘本阅读因鲜明的直观性和有趣的故事性在培养其良好行为习惯方面具有优势。通过阅读绘本，幼儿感受到了正确进餐的重要性，阿花为幼儿树立了良好的榜样。师幼谈论环节，教师通过角色的转换，请幼儿当小老师来教育胖胖，这样极大地调动了幼儿参与讨论的积极性，幼儿在教育胖胖的过程中习得了正确的进餐方法。在吃饭过程中，幼儿能主动地、自发地约束自己，做到文明进餐，当幼儿出现不好的习惯时，教师运用故事里的人物或语言给予幼儿适当提醒，幼儿更易于接受并主动改正，这样避免了教师枯燥乏味的说教，而且教育效果更佳。教师没有在活动刚开始就将礼仪歌抛给幼儿，而是在幼儿出现进餐问题并想要解决时以"法宝"的形式引入儿歌，幼儿学习的积极性更高。但是，良好的习惯不是一朝一夕就能养成的，教师可以在班级开辟进餐评价区，通过日常的评价与奖励等措施帮助幼儿养成良好的进餐习惯。

河北省直机关第四幼儿园　刘　栋

案例三　　　　　　　　　　　　　我的营养早餐（大班）

活动背景：

天气越来越冷，部分幼儿早上赖床，赶不上幼儿园的早餐，只能在家吃了早饭或在外匆匆吃点东西再来上课,常常迟到,养成了不好的习惯。

师:开饭啦孩子们。(发饭)今天的早餐看起来很好吃。

幼:馒头、鹌鹑蛋还有粥。

师:幼儿园的馒头和家里爸爸妈妈蒸的馒头好像有点不同,它的名字叫"奶香小馒头"。

幼:是食堂的叔叔用奶蒸出来的馒头吗?

师:对。为什么要用牛奶蒸馒头不用普通的水呢?

幼:牛奶很香很甜。

师:牛奶里面不仅含有糖还有特别丰富的钙和能量。糖让我们吃起来很香甜,钙能让我们小朋友的牙齿和骨头长得特别强壮,能量能够保证小朋友们一上午都特别有力量。光是这个小馒头就有这么多营养,是不是很厉害呢?

幼:那粥里有什么营养?

师:今天的粥名字叫做"金瓜小米粥",里面有特别多的胡萝卜素和维生素,可以让小朋友有抵抗力,不容易生病。小米粥养胃,一碗热热的粥能让我们的肠胃感觉特别的温暖和舒服。

幼:还有鹌鹑蛋呢?

师:鹌鹑蛋虽然比鸡蛋小但是里面的营养比鸡蛋还要多,小朋友每天吃适量的鹌鹑蛋能够补脑,会越来越聪明的!今天的早餐这么好吃我都想吃了,你们呢?

幼:我们好想吃啊!

师:开动!现在开始安静地吃早餐,把这些美味的食品快快吃到肚子里吧。

幼儿开始安静吃早餐,没有人挑食。

早餐结束。

师:今天的早餐真好吃呀,我来看看食谱明天吃什么好吃的?小糖包,胡萝卜丝炒鸡蛋还有香香的小米红薯粥。你们明天来幼儿园吃营养早餐吗?

幼:来!明天老师再给我们讲讲营养吧。

师:没问题,那想来幼儿园吃美味的营养早餐的小朋友一定不要迟到哦。起不来床可就吃不到这么好吃的饭啦。今天学到的食物里的营养回家后也可以给爸爸妈妈讲一讲。

教师反思

冬天天气冷,幼儿起床困难,迟到问题频出,在和家长沟通注意纠正幼儿不良习惯的同时也想办法让幼儿自己对来幼儿园有期待。所以我在早餐前根据幼儿食谱在网上搜索相关知识,在进餐之前给幼儿简单讲解,让幼儿明白幼儿园的早餐含有丰富的营养价值,对幼儿的身体和智力发育都有益。幼儿在欢快、积极的氛围中进餐,不挑食不讲话,培养了良好的餐桌习惯。通过这个餐前讲解活动,幼儿想来幼儿园吃早餐,期待幼儿园的早餐,平常经常迟到的几名幼儿也能按时入园了,获得了良好的效果。

河北省直机关第四幼儿园　刘树欣

【案例评析】

案例一中,教师在一日生活中对于进餐这一重要环节,运用故事性的手指游戏引导小班幼儿改善挑食的现象,符合幼儿具有形象思维的心理特点,使幼儿比较直观地感受了不同食物的形状及烹饪方式。平等亲切的师幼互动使幼儿身心愉悦放松,营造了宽松和谐的精神环境。因为幼儿进餐是否有食欲与情绪好坏紧密相关,而经常保持进餐时愉快情绪,有利于增进幼儿食欲。在幼儿进餐时,教师应努力创造轻松和谐愉快的气氛,使幼儿愉快地进餐。比如对进餐表现好的幼儿,教师给予他们及时的赞许和肯定,激励他们更积极用餐;而对进餐中有过失的幼儿保持着宽容的态度。如有的掉饭菜,有的剩饭,还有的把饭扣在地上等,没有训斥、命令或批评,而是采用亲切、关心的态度,使这种宽容、谅解成为幼儿的进餐开胃菜。教师在幼儿进餐的过程中,做到了关注全体幼儿。不同家庭其生活方式和饮食习惯不同,这也造成了不同幼儿饮食习惯的千差万别,比如有的幼儿不吃青椒、香菜或其他肉类等,如何采用多样化的方法引导幼儿不挑食、不偏食是幼儿教师研讨进餐的重要内容。

在案例二中,教师通过有声绘本来引导幼儿爱上进餐,爱上食物,激发幼儿想吃、喜欢吃的兴趣和怎样吃的进餐礼仪。绘本的好处在于有效地让幼儿模仿学习,因为模仿是幼儿学习的重要方式之一。可以让幼儿通过读绘本故事把进餐变成一件美好而有趣的事。思考是幼儿认知形成的一个主要途径,而幼儿行为的认知程度与行为习惯的形成必须进行重复练习,通过强化才能形成行为习惯。因此,教师应该抓住生活中与幼儿进餐行为相关的教育契机鼓励幼儿主动发现问题、思考问题,不断地提出问题引发幼儿思考,为幼儿创设积极思考的环境。要想让幼儿养成健康的饮食习惯,同伴的榜样能引起幼儿注意,更能激发幼儿模仿的兴趣。如果进餐时教师要在本班为幼儿树立正面榜样,而不要树立反面的榜样,比如:把不挑食、一口菜一口饭、不掉饭粒、细嚼慢咽的本班幼儿当作典型榜样,去影响其他幼儿,让他们主动调整自己的不良行为。这样的榜样会更直观、亲切。

在案例三中,教师运用餐前食谱播报的方法,用语言诱导和幼儿进行有趣的餐前谈话,幼儿聊一聊今天要吃的食物及其营养价值。比如"奶香馒头"中,"牛奶里面不仅含有糖、脂肪还有特别丰富的钙和能量。糖让我们吃东西的口感很香甜,钙能让小朋友的牙齿和骨头长得特别强壮,能量能够保障小朋友们一上午都特别有力量。光是这个小馒头就有这么多营养,是不是很厉害呢? 鹌鹑蛋虽然比鸡蛋小但是里面的营养比鸡蛋还要多,小朋友每天吃适量的鹌鹑蛋能够补脑,会越来越聪明的! 今天的早餐这么好吃我都想吃了,你们呢?"这样有趣的语言,削弱了幼儿对这些食物的抵触情绪,为纠正幼儿挑食、偏食做好铺垫。教师抓住了幼儿爱模仿、情绪易受感染的特点进行有趣的餐前诱导,并用夸张的语气介绍饭菜,激发了幼儿的进餐兴趣。

【目标设定】

《3—6岁儿童学习与发展指南》指出:"幼儿应具有基本的生活自理能力。建议鼓励幼儿做力所能及的事情,对幼儿的尝试与努力给予肯定;指导幼儿学习和掌握生活自理的基本方法。"而幼儿进餐环节是幼儿园一日生活的重要组成部分,幼儿期是习惯养成的关键期,良好生活习惯将影响着孩子一生的发展。幼儿的发展需要健康的心理和强壮的体魄,而身体发育是否健康的第一步主要取决于从小养成良好的饮食、进餐习惯。进餐为幼儿身体发育提供了充足的营养,是幼儿生活学习的物质前提,能促进幼儿身心的健康成长。为优化幼儿进餐流程,需要培养幼儿进餐的主动性与独立性,提升幼儿自理能力,真正做到自己的事情自己做。由于不同年龄阶段幼儿身心发展水平不同,在进餐环节表现出的进餐状态、进餐需求也不尽相同。作为教师,我们要明确不同年龄阶段的幼儿在进餐中存在的突出问题,有目的、有计划地开展丰富多样的活动,并适时加以帮助、指导,以实现进餐环节的温馨、有序,保证幼儿充足的营养,养成良好的进餐习惯。虽然幼儿园很注重幼儿进餐活动的组织,但也存在一些问题:

第一,大多教师不太重视进餐环境的创设。

幼儿的进餐环境包括幼儿的心理环境和进餐周围环境。许多教师比较重视一日三餐的饭菜质量和种类花色,往往忽视就餐环境和幼儿心理环境的的创设,即便意识到了,创设的环境也不够丰富。

第二,教师的生活观念和教育观念之间存在脱节现象。

据研究调查显示,大部分教师认为在幼儿学习、生活、游戏和运动环节中,生活环节是很重要的,但现实是往往教育过程中集体活动更容易受重视。

第三,进餐中教师引导方法不当。

比如有的教师催促幼儿吃饭,使原本轻松、愉快的进餐活动变得紧张起来;有的教师强迫幼儿吃饭，使幼儿感到焦虑、不安，降低了食欲；还有的教师对偏食、挑食的幼儿缺少关注引导，忽视对幼儿良好进餐行为和习惯的培养。

【目标设定】

应该如何正确地组织幼儿进餐呢？要达到以下几个目标。

一、指导幼儿为愉快进餐做好心理准备

1. 帮助幼儿有序做好餐前如厕、洗手活动。

2. 指导幼儿参与摆放餐具的活动。

二、进餐中幼儿技能的掌握、习惯的养成

教师用形象有趣的语言，向幼儿介绍饭菜营养，激发幼儿进餐欲望。了解各种食物的营养知识，根据需要适量进食，知道均衡膳食对身体有益。进餐中，把握好幼儿就餐时间，掌握正确的就餐方法。就餐时间过短或过长，都会影响孩子营养的合理摄取，幼儿每次就餐所用时间在30～40分钟为宜。教师针对吃饭过快的幼儿，及时提醒其细嚼慢咽。教师对幼儿进餐环节中出现的边吃边玩、东张西望，把饭含在嘴巴里不肯吞下去，吃饭耗时过长的情况，分析其原因，尝试用奖励、餐后玩具分享、自主游戏等来吸引幼儿加快吃饭速度，让幼儿逐步自觉调整用餐时间。教师指导幼儿做到吃饭不发出较大声音，不掉饭菜，保持桌面、地面干净。对挑食、偏食以及暴食的个别幼儿给予及时的指导和帮助。教师应亲切、具体、适时地指导，提醒幼儿有序端取饭菜，尽量避免因端饭引起泼洒或碰撞，确保进餐安全。

三、指导幼儿进餐后的整理、盥洗

鼓励幼儿主动参与餐后整理餐具，收拾食物残渣，引导幼儿做到餐后擦嘴、洗手以及漱口等。提醒幼儿餐后自主选择安静的区域活动。

幼儿的进餐质量与进餐前的准备工作、进餐中的指导及进餐后的整理、盥洗有密切的关系。进餐前的良好情绪氛围，干净整洁的进餐环境，为幼儿愉悦进餐提供了前提。而餐后的整理、盥洗又使幼儿形成健康的生活习惯。因此，教师要针对进餐环节具体时段的不同，有效帮助和指导幼儿的进餐活动。

【幼儿园教师自我管理基准线】

《3—6岁儿童学习与发展指南》中指出："帮助幼儿养成良好的生活与卫生习惯，提高自我保护能力，形成使其终生受益的生活能力和文明生活方式。"幼儿期是幼儿身体与心理发展以及大脑结构和机能发育最为迅速的时期，也是幼儿良好行为习惯养成的关键期。均衡的膳食、合理丰富的营养是保证幼儿的身体健康发育的重要前提。美国学者布朗在"食谱与性格形成"的研究中也指出：一个人在幼年接受的食物类别越多，其成年后性格的包容度就越大。可见，健康的饮食行为习惯不仅对幼儿时期身体的生长发育有影响，对成年时期甚至一生的健康都有影响。那么幼儿园教师该如何引导幼儿养成良好的膳食习惯呢？

一、创设宽松的进餐环境，实现良好行为习惯的养成

教师应该创设良好的进餐氛围，了解幼儿的进餐心理。幼儿生活在不同的环境中。这包括自然环境、社会环境和家庭环境等。良好的环境对幼儿的行为能产生积极的影响，它能激发幼儿参与活动的积极性，使幼儿通过自身活动与周围环境相互作用，从而获得丰富的经验得到主动发展。幼儿在与环境的相互作用中，通过多种感官、多种方式主动模仿或是潜移默化地学习。进餐前教师可以利用多种形式创设餐前环境。比如让幼儿搜集自己喜欢的不同种类的食材、菜品，制作"食物墙"，促进幼儿对食物的了解；运用清新的桌布、花艺等材料，餐前播放一些轻柔的音乐，为幼儿进餐前营造轻松和谐愉快的气氛，调动愉悦的情绪；用绘本故事和手指游戏等方式组织幼儿盥洗，减少等待现象；大班可以开展餐前食谱播报活动,促进幼儿食欲。良好的进餐环境有利于促进幼儿消化腺的分泌,激起用餐食欲,对幼儿身体的健康发展产生好的影响,同时体验集体生活的快乐。一个良好积极的适宜幼儿自主学习的优质环境,不但能够培养幼儿良好的行为习惯,更能有效促进幼儿的自主学习和发展,培养幼儿进餐中的良好习惯。

二、运用多种的教育方法,培养幼儿良好的进餐习惯

由于每个幼儿生活环境、身体状况、家庭教育和生活方式的不同,幼儿对食物的偏好也不尽相同。教师要了解幼儿在家中的饮食习惯,善于观察孩子的饮食习惯、进餐情况等,做到进餐教育因人而异。

1. 榜样示范法。模仿是幼儿重要的学习方式。要想让幼儿养成健康的饮食习惯,首先家长应率先做好进餐榜样,充分注意到自身的饮食行为对幼儿潜移默化的影响,养成饭菜搭配、荤素搭配的良好进餐习惯。其次同伴的榜样能引起幼儿注意,更能激发幼儿模仿的兴趣。进餐时,教师应常常为幼儿树立正面榜样。把不挑食、一口菜一口饭、不掉饭粒、细嚼慢咽的幼儿当作典型榜样,去影响其他幼儿,让他们主动调整自己的不良行为。同时,教师还要有意识地把进餐表现好的幼儿与偏食、吃得慢的幼儿座位安排在一起,用身边的榜样影响带动他们,渐渐地让他们在正确进餐的轨道上迈进。

2. 教师的言语和行为的影响。教师在指导进餐过程中应做到三多三少:鼓励自主要多、包办代替要少;个别指导要多、面向集体要少;行为示范要多、语言要求要少。同时教师在指导过程中的语言要平和、亲切、适时,多采用行为提示的方式。对进餐表现好的幼儿,教师要用赞许的目光、亲切的话语等形式表示赞扬,激励幼儿更积极用餐。

3. 逐渐加量法。对于挑食偏食的幼儿,运用由少到多、循序渐进的方式,减轻幼儿的心理负担,缓解畏难情绪。比如在给幼儿盛饭时,要留有余地。对于幼儿不愿吃的青菜等先少放一点,尝一小口试试味道,这样压力相应减少,等幼儿吃完了,教师及时鼓励,以后再逐步加量,让幼儿的身心慢慢地适应食物、接受食物。在教师的反复鼓励下,激起幼儿的食欲,达到逐渐增加饭量的目的。这样有助于减轻幼儿的心理压力,更容易接受本不愿意接受的食物,对纠正挑食偏食有很好的作用。

4. 观察法。因为幼儿个性特点不同,进餐行动力也会不同。针对幼儿进餐中出现的问题,教师一定要认真观察,仔细分析,并给予针对性的引导。如:吃饭慢有的是因为饭菜不合口味,或是进餐方法不对,或是因为身体不适,教师应更加关心,鼓励他适量进餐。有的是因为挑食,教师应用及时指导,满足不同幼儿的需求。

5. 建立不同年龄阶段进餐习惯的培养目标。幼儿进餐习惯的养成是一个长期持续的过程,是一个从易到难、逐步提高的过程。由于不同年龄阶段幼儿年龄特点、兴趣趋向、认知特点和学习方式都存在差异,因而一种行为在小、中、大班的具体培养目标也各不相同。例如:在正确使用餐具方面,小班重点认识勺子、学习握勺方法,能够正确地使用勺子自己进餐。中班重点认识筷子、学习拿筷子的方法,能够正确地用筷子进餐。大班重点认识不同国家地区的餐具、尝试使用刀叉,体验世界饮食文化的多样性。

三、重视幼儿园进餐环节教育资源的挖掘与优化

"教育即生活,生活即教育",教育的过程就是生活的过程,要把各领域教育内容有机地渗透到进餐活动中去。幼儿期是幼儿语言发展的关键期,利用进餐的生活环节,灵活、随机地引导多说、多听,使幼儿乐于表达,善于倾听。例如:每天由值日生提前一天在家中和家长一起收集当天食谱的相关营养知识,在每餐前当小小信息播报员,向全班播报当餐的食谱及其营养价值。在餐前还可以利用与当天餐食相关的食材进行拼图、配对、比大小等实物操作方式,促进幼儿数学活动中的思维能力。

四、教师应熟知进餐流程

首先餐前应了解食谱并做好相关的准备。比如介绍食谱,教师应事先了解当天的菜谱,利用网络搜索菜肴营养价值的图文,在餐前给孩子看。色彩艳丽的图片,加上教师生动的描述,不仅让幼儿了解每种菜对自己的身体生长的好处,还营造了幼儿想吃、乐吃、爱吃的心理氛围,当保育员把饭端到班上时,用饭菜的香味再次调动幼儿的食欲。

五、进餐活动和区域活动相结合

进餐活动可以和区域活动相结合:利用种植角,让幼儿亲自参与种植的整个过程,认识了不同种类的蔬菜,了解不同蔬菜的生长过程;在操作区提供多层次、趣味化的材料,如蔬菜、仿真食物等,让幼儿主动参与材料的操作,增加对蔬菜的认识;在图书区投放各种食物的相关书籍,幼儿通过阅读图书获得直接经验,从而增加对蔬菜的喜欢;为幼儿创设角色扮演的体验机会。幼儿在玩"娃娃家"的游戏中,为幼儿在娃娃家提供不同材质、大小、种类等仿真的蔬菜,幼儿在娃娃家扮演爸爸、妈妈时,体验自己做菜、做饭的过程,享受游戏带来的快乐,增进对不同蔬菜的直观感受。

六、开展进餐礼仪教育活动

比如开展"用餐礼仪""餐桌礼仪"等系列活动,把餐饮之礼的内容渗透到教育活动中,让幼儿在进餐过程中实践所学的礼仪,从而培养幼儿良好的进餐习惯,从生活教育的点点滴滴来培养幼儿的进餐礼仪行为。

用餐礼仪四部曲:

1. 餐前准备。教育幼儿在餐前做好准备工作,如:摆放桌椅、餐前洗手、摆放碗筷等。

2. 使用餐具礼仪。教育幼儿学会正确使用餐具,如:如何使用公筷、公勺等。

3. 就餐时的礼仪。教育幼儿不挑食、不抢食、进餐时不说话、不浪费、细嚼慢咽等。

4. 餐后礼仪。教育幼儿吃完饭后学会收拾碗筷、饭后擦嘴、漱口等。

通过活动让幼儿知道礼仪的重要性,做到不挑吃、珍惜食物、养成良好的进餐礼仪。

七、家长与幼儿园积极配合,共同培养幼儿良好的进餐习惯

《幼儿园教育指导纲要(试行)》中指出,与家长配合,根据幼儿需要建立科学的生活常规。培育幼儿良好的饮食、洗漱生活习惯及生活自理能力。幼儿园健康教育单靠幼儿园的教育还不够,必须和家长同步教育,统一行动,才会收到预期的效果。家庭教育在幼儿的成长过程中至关重要,要使幼儿养成良好进餐习惯,必须做到家园同步、共同培养。

1. 家园联手共育进餐好习惯。《幼儿园工作规程》和《3—6岁儿童学习与发展指南》中都将家庭教育放到了极其重要的位置。只有家长成为儿童的研究者和教育者才能与幼儿园携手开展幼儿教育。

建立家长委员会、幼儿伙食委员会,并通过多种形式让家长走进幼儿园,引领家长走上"研究儿童"的道路。让家长为幼儿营造良好的环境,为幼儿树立良好的榜样,为幼儿进行适宜的指导。家园共同体为幼儿在行为培养方面营造了全方位的教育环境,幼儿良好的进餐习惯自然形成。

2. 搭建家园沟通渠道。"沟通"是家园实施幼儿良好行为习惯培养的有效途径。只有保持家园之间的信息通畅,才能提升家园共育的质量。

教师利用校园APP、班级微信圈每天将当天进餐习惯培养的学习内容、培养方法、幼儿表现及时发送到家长的手机中。家长第一时间了解幼儿园教育动态,同时家长也将幼儿在家表现的视频发回到班级圈中,让教师获得幼儿在家的信息,同时家长之间也能互相分享幼儿好习惯培养的成果。家长可以将自己的见解、育儿好方法、育儿中的问题分享出来,做到教育资源共享。

点评:石家庄幼儿师范高等专科学校　　**陈明晖**

第二节 幼儿午点环节中的教师自我管理

【案例呈现】

案例一

值日生发橘子（大班）

我们幼儿园实行三餐一点,吃午点是幼儿园一日生活中必不可少的环节,午点基本安排在 14:30 起床后,统一给孩子们发放。

根据以前出现过值日生发错、漏发午点的问题,为提升大班幼儿的责任意识和趣味性,我班安排每天由两个值日生为大家发放午点。发午点前,组织大家一起讨论值日生怎样做,才能避免把午点发错。宁宁是个开朗的女孩,她第一个说:"今天的午点是橘子,我们每个人都坐在桌边,值日生给每个人发一个,就不会错了。"然后补充道:"男孩值日生给男孩发橘子,女孩值日生给女孩发。"浩浩说:"我们都坐在桌子那,值日生要先清点每一组有几个小朋友,再去拿几个橘子,这样就行了。"你一言我一语,大家纷纷说出自己的想法。今天的值日生是文文和涵涵,我提议他们也来试试自己的办法。

文文走到第一桌前,他有点犹豫,声音很轻,于是我鼓励这一桌的孩子和他一起数,数好后,他很高兴地告诉我:"第一桌有五个小朋友。"声音比刚才响了许多。只见文文左手端着餐盘,右手一边拿橘子一边数着,然后一人一个正好发完。接着文文来到第二桌,他一边用手指点一边数,然后很流利地告诉我:"这桌有也五个小朋友。"并从食品盆里拿了五个橘子放到餐盘里逐一发放。文文回到自己坐的第三桌,从自己开始数了数说:"我们这桌有四个人。"然后又不放心地回头看了看,他马上又说:"对的。"我朝他笑了,点点头。他满意地拿了四个橘子去发了。

涵涵离开了自己的座位,一边走着一边点人数,数到了五个小朋友,然后过来数橘子,她拿了五个,我没有纠正她。可是当她发完橘子时,叫起来:"老师,缺了一个。""哦,怎么会缺了一个呢? 你们这组是不是有五个小朋友? 你再数一数?"她又数了一次,可还是五个。我让她再数一数橘子,她终于发现了自己没有橘子:"没数我自己!"噢,原来是这么回事! 涵涵明白了,第三次数的时候就先从自己开始数起,然后成功地数到了六个人,又添了一个橘子,她拿着橘子脸上露出了灿烂的笑容。涵涵走到最后一桌旁边,迅速地看了看,就马上跑过来和我说:"最后这桌有五个人。"我很惊奇地问:"怎么这么快就数好了,你是怎么数的?"她甜甜地笑着回答我:"我用眼睛看出来的,我一看就知道了!"

吃完橘子的孩子们在桌子上乐此不疲地摆弄着橘子皮:文文把橘子皮按照从小到大的顺序排了一排;浩浩把那些形状各异的橘子皮一个一个垒放在一起,好像在搭建高楼;炫炫就更有意思了,她把橘子皮摆成了一朵花的样子,中间拼出花心;涵涵和轩轩一起摆出了有门和窗的小房子等等。孩子们利用橘子皮拼成了各种各样的图案。在摆弄的过程中孩子们同时也得到了思维的发展,想象力和创造力也得到了提升。

今天的橘子发得皆大欢喜,孩子们吃得津津有味,好像味道比以前更香了! 他们在发橘子、吃橘子的过程中不仅感受到了点数的快乐,还发现了拼摆橘子皮的乐趣。慢慢地,发午点变成了值日生每天最期待最快乐的事情之一。

教师反思

提升幼儿的智力和健康是幼儿园的首要工作,从幼儿的实际情况出发,照顾到他们的个体需要,才能真切地感受到生活即学习,学习即生活。通过启发幼儿点数橘子和班级幼儿人数,鼓励和支持幼儿发现并尝试解决日常生活中需要用到的数学问题,让幼儿了解并感知生活中的问题和解决方法,同时让幼儿体验到了数学的用处和解决问题的乐趣。

作为教师，尝试用儿童的视角来解决问题，及时了解幼儿的需求，倾听幼儿的心声，并积极根据幼儿的需求采取措施，为幼儿创造自主决策的机会，才能促进幼儿的成长和发展。

河北省直机关第四幼儿园　郭　梅

案例二　　　　　　　　　　　　吃苹果事件(中班)

幼儿每天午睡起床后幼儿园要为幼儿提供午点，目的是午睡起床后为孩子补充所需的水分和营养，为下午的活动提供能量。有的孩子吃完了自己的一份午点，告诉老师自己还想吃。因为午点是按幼儿人数领取的，如果满足某个孩子的要求，就会出现午点不够、别的孩子吃不到午点的情况。如果不满足孩子的需要，可能会影响孩子整个下午的情绪。强行不让孩子吃，于心不忍。如果任由孩子多吃，又怕孩子摄入的营养超标，产生小儿肥胖。看到孩子渴望还想吃的眼神和失望的神情，我会问他："你很喜欢吃今天的午点，吃完还想吃，是吧?"孩子点点头，我继续说："我们班有些小朋友也许只能吃掉半个，你可以问问他，可不可以跟你分享他的午点?"在我的建议下，孩子总能找到其他孩子分享。因为有的孩子食量确实很小，吃不完自己的一份扔掉了很可惜。这样既能引导班上的孩子理解为什么一个人只能吃一个午点，又能愉快地满足不同孩子的需要。

星期三午点是吃苹果。多数孩子对于吃苹果还是很喜欢的。但是对于我班的瑶瑶、墨墨、晨晨小朋友来说，看着午点有些发愁。于是我有意识地问道："孩子们，你们的苹果是不是很好吃，是什么味道的?"孩子们争着回答："苹果可好吃了，甜甜的脆脆的。""我吃过黄颜色的苹果，咬一口可甜呢。"浩浩接着说："还有绿色的苹果，酸甜酸甜的。"然然抢着说："绿色的，我怎么没吃过，会不会是没长好没有熟的苹果呀?""没有，就是绿色的苹果，也是熟的苹果。"于是，不爱苹果的孩子也对苹果产生了兴趣。

在孩子们吃午点的过程中，我会有意地渗透一些相互"谦让"的理念。久而久之，在潜移默化的影响下，一些孩子养成了良好的习惯，自己先拿的时候总拣小的。但是，也出现了这样两个问题：洗手快的孩子总是先来拿水果，而这些幼儿的胃口一般较好。相反，之后的幼儿常是一些动作较慢、胃口也不是很好的幼儿。由于前面的幼儿谦让，拿了小的，留下大的给这些胃口不佳、动作又慢的孩子吃，结果他们吃得更慢，甚至吃得很苦恼。

这天吃苹果时，我征求孩子们的意见："不太喜欢吃苹果的小朋友能够拿小一点的，把大的苹果让给喜欢吃的小朋友，你们同意吗?"大家一致同意，尤其是那些吃得慢的孩子，更是如释重负。在孩子们拿取苹果时，我留心观察，发现他们充分理解了我的意思，而且配合默契。那些喜欢吃苹果、吃起来又快的小朋友在拿苹果时，也并不是专挑个大的拿。这天的苹果幼儿吃得又快又香甜。

教师反思

我们的教育活动只有根据实际，并且抓住教育孩子、引导孩子的每一个时机，讲究方式方法，才会有好的效果。

有爱的教育是最真实的教育。只有爱才能与孩子共情，才能摒除成人思维，从内心真正理解、接纳孩子。只有理解、接纳孩子想吃的生理需要和希望被理解的心理需要，才会极有耐心地解决"吃苹果事件"。教育无处不在，哪怕只是一个最普通的生活环节，接住孩子抛过来的球，准确地把握孩子的心理和情绪，及时进行有效回应和支持，才能促进孩子在生活中获得学习与发展。

河北省直机关第四幼儿园　郭　梅

案例三　　　　　　　　　　　　午点的故事(大班)

今天午点吃橘子，孩子们将一片一片的橘子皮放在垃圾盘中。忽然雨喆拿起盘子，把里面的橘子皮抛向空中,还开心地说:"哇! 橘子皮彩虹雨。"孩子们顿时乱成一锅粥。我那个气呀,但马上冷静下来! 平时雨喆是有些皮,但这样出格的事情还是第一次,先看看再说。孩子们一看我没有反应,胆子大了起来,子元跑到我面前说:"田老师,你看,这块橘子皮像不像一只小船呀!""呀! 真的很像!"我对他的发现表示赞同。子元的话引起了孩子们的连锁反应:"更像月亮!""像跷跷板。""我的像小熊。"……这时,我往橘子皮上点了一些小点点,问道:"孩子们看看我手中的橘子皮像什么?"孩子们疑惑地看着、议论着。忽然,彤彤大喊起来:"像缸炉烧饼上面的那层,小点点就是芝麻。"孩子们立刻点头,表示认可:"我吃过,可香了! 烧饼上下是硬的,中间是软的,是烤出来的。"看着孩子们的情绪被充分调动起来,我走进"串串香火锅店"说道:"我们的火锅店里主食只有面条,有些单调呀。"孩子们大喊道:"做些橘子皮烧饼吧!"我也兴奋地大声说:"橘子皮烧饼,美味又新鲜,快来尝尝吧!"孩子们在下午的区域中,用这些橘子皮兴奋地制作出了"橘子皮烧饼""橘子皮肉夹馍"放在了火锅店里。

教师反思

午点环节平常又普通,很容易被我们忽略。今天,由于幼儿一个看似"破坏、捣乱"的行为,却引发了一场培养幼儿观察力、创造力的随机教育活动。本次事件中,教师没有指责,而是透过幼儿的眼睛,启发、引导并结合"美食家"的主题,鼓励幼儿再创造。杜威曾提出"教育即生活"的理念,作为教师要树立新的教育观、课程观,不仅重视课堂教学,还要注重一日生活的各个细小环节。要善于捕捉幼儿一日生活中的教育契机,善于发现幼儿感兴趣的事物及偶发事件中所隐含的教育价值,敏感地察觉幼儿的需求,及时以适当的方式予以引导,以求最大限度地激发幼儿潜在的创造力,形成合作式的师生互动关系。

教师积极的态度,给予孩子宽松的创作氛围,使孩子完全沉浸在想象的快乐之中,孩子们之间互相启发、互相激励、互相感染着,发散性思维得到充分的展现。

河北省直机关第四幼儿园　田轶男

【案例评析】

吃午点是幼儿园一日生活的重要环节之一。案例一中,教师充分利用午点的时间采取轮流值日的方式,因地制宜创设问题情境,结合5—6岁幼儿的心理特点,激发和培养了幼儿发现问题和解决问题的能力。5—6岁的幼儿以具体形象思维为主,抽象逻辑思维初步发展。教师利用分橘子数数和数的排列的方法锻炼幼儿的数学逻辑思维能力,采用教师与幼儿、幼儿与幼儿之间的互动方式,形式既新颖又活泼,幼儿在愉悦情境下进餐。活动中,使胆小的幼儿得到了锻炼,增强了自信心。同时发展了幼儿的语言表达能力,使幼儿能进行一定的判断、推理,解决一些抽象的问题。通过午点的环节一举多得,真正做到了幼儿园处处时时皆教育。

案例二中,教师的教育方法符合幼儿的年龄特点,保护和满足了不同幼儿的生理需要和心理需要。幼儿身心健康的发展,离不开良好的情绪,情绪健康也会保证身体的健康。无条件地接纳孩子的需求,是良好教育的重要基础。在教育过程中教师采用接纳、理解、商量的态度方式解决了不同幼儿对午点的不同需求,既避免了食物的浪费,也培养了幼儿之间"谦让"的良好品格,对其他幼儿也是一个榜样的影响。同时在午点环节中渗透了幼儿的观察活动,发展了幼儿的感知觉能力。

在幼儿就餐过程中,我们一向是要求幼儿保持绝对的安静才是常规进餐模式。在案例三中,当孩子们吃完橘子后,一个孩子把橘子皮撕碎抛向空中,还开心地说:"哇! 橘子皮彩虹雨。"孩子有丰富的想象力,这是一个很好的创意。好在教师在略微生气之后,采用了接纳幼儿行为的方式,引导幼儿借助情景展开了丰富的想象活动。孩子们展开了热烈的讨论:"更像月亮""像跷跷板""我的像小熊"等。当幼儿用自己的方式认识周围事物时,成人要做的就是尊重和接纳幼儿的行为,并加以科学引导,发现其行为背后隐含的教育价值,激发幼儿的想象和创造思维。在本案例中有许多幼儿都有把橘子皮抛向空中的想法,如果教师允许幼儿抛洒,对幼儿来讲那该是多么快乐的事情。环境干净整洁是我们要求幼儿做到的,如果在孩子们活动结束后把场地打扫干净,也未尝不是培养幼儿好习惯的契机。

午点环节是幼儿园一日生活中满足幼儿基本生活需要的活动之一,与入园、盥洗、喝水、进餐、如厕、午睡、离园一同构成了一日活动的生活环节。存在问题表现为:

第一,午点缺乏多样化和丰富化。

幼儿的健康成长,离不开每日摄取足够的营养。全日制幼儿园安排的"三餐一点",在一定程度上为此提供了保证但午点的种类和花色比较单一。一般来说,幼儿园有一餐两点:午餐、早点和午点。午餐和晚餐往往是最受家长和老师关注的,大部分家长看菜谱时,比较重视浏览今天午餐、晚餐孩子吃的什么,对于午点,觉得无非是些点心之类的东西,并不重要。就连幼儿园老师也是这样认为的。午点,作为点心,只要注意干湿搭配、甜咸搭配就行了,很少考虑其他方面。单一的午点,很难引起幼儿的食欲,幼儿从情感上比较排斥,因此,幼儿园在安排幼儿的一日三餐和午点方面还需要进一步多样化、丰富化。

第二,教师教育观念和行为组织能力差。

教师容易忽视幼儿吃午点前的心理准备和盥洗准备,吃午点中生活习惯的养成、进餐技能的掌握的指导以及午点后整理、盥洗等环节的要求。这些环节教师都应该有明确的目标要求,而教师往往模糊甚至忽视了对过渡环节的常规要求,从而造成了对过渡环节组织的随意性。

第三,幼儿教师对午点的指导是零星而片段的。

大多教师更多关注保教活动中的"保"而往往忽视午点环节中"教"。午点中幼儿往往是消极等待,让幼儿随性进食,教师缺乏对幼儿文明进食的积极关注与指导,教师更多地注重午点中"突发"情况,或重点关注午点食物的准备。以幼为本的教育意识比较薄弱。

【目标设定】

"聪明的大脑、健康的身体,是吃出来的。"幼儿的发育需要均衡营养,午点不仅是午餐的补充,也很好地为幼儿身体发育提供了充足的营养,对于幼儿均衡营养的提供来说,这一环节是独立而重要的。教师在组织幼儿午点时应该达到以下目标。

一、关注幼儿午点前的心理准备和盥洗组织

1. 关注幼儿起床时的情绪状态。我们都知道情绪愉快对身体健康有益,幼儿情绪愉悦也能保证幼儿安静愉快地进餐。午点前观察引导幼儿独立穿衣和整理床铺情况,使幼儿在午点前情绪稳定良好。

2. 用轻柔音乐和手指游戏等方式组织幼儿盥洗,减少等待现象。每餐前的盥洗是必不可少的程序。教师要维护幼儿的盥洗秩序,合理组织幼儿进行盥洗,知道进餐前要洗干净双手。教师认真观察每次进盥洗间幼儿合适的人数和所需时间,根据不同年龄班,用音乐或是其他有效的形式,既要顾及幼儿盥洗时间长短的差异,又要照顾到全体幼儿,减少无谓等待时间。

二、明确午点流程,组织好午点就餐环节的指导要点

1. 教师要提前了解食谱公示栏并做好准备。

2. 创设宽松的就餐环境,促进幼儿食欲。教师观察幼儿对食物的兴趣度。

3. 把握好幼儿就餐时间,掌握正确的就餐方法。研究表明指出,就餐时间过长或过短,都会影响到孩子营养的合理摄取,因此,午点中,教师亲切、具体、适时地进行指导,关注幼儿文明进餐习惯,比如:坐姿、喷嚏或咳嗽时的方法,使幼儿做到细嚼慢咽,吃饭不发出较大声音、不掉饭菜,保持桌面和地面整洁。

4. 规范幼儿进餐技巧,比如不随便走动、不乱挥动餐具,进餐不大声讲话,确保进餐中的安全。

三、餐后活动的组织

1. 餐后餐具的整理情况；盥洗（洗手、擦嘴等）；地面和桌面是否整洁。
2. 幼儿餐后需要一些安静自由的活动的时间。

教师应积极为幼儿创造一个与同伴融洽交往、师幼积极互动的区域环境，比如幼儿可以根据意愿选择搭积木、看绘本、橡皮泥、交谈聊天、合作游戏等活动，使幼儿在语言表达、人际交往、经验积累等方面得到发展。

【幼儿园教师自我管理基准线】 ▼

著名教育学家陶行知指出："生活即教育。"《3—6岁儿童学习与发展指南》中也明确指出"珍视幼儿生活的独特价值"。午点环节作为幼儿园的生活八大环节之一，蕴含着丰富的学习与发展契机，因此教师应挖掘一日活动中各环节资源，树立教育的整体观，适度把握午点这一生活环节是幼儿园"一日活动皆课程"的重要表现。

一、教师应关注幼儿午点进餐的心理健康

幼儿期是孩子生长发育的关键期，而摄取丰富的营养是健康发育的保证。幼儿园中要保证幼儿的健康发展，教师不仅应对幼儿身体发育加以照顾，还要对幼儿心理加以引导和呵护。进食问题已不能仅从身体健康考虑，必须从心理健康的角度重新认识。首先，要关注幼儿情绪状况。刚起床的幼儿容易有起床气，因此教师要细心观察，安抚有起床气的幼儿，也要关注穿衣较慢的幼儿。幼儿进餐是否有食欲与情绪好坏紧密相关。而宽松和谐的精神环境和平等亲切的师生关系能使幼儿身心愉悦放松。经常保持进餐时情绪愉快，有利于增进幼儿食欲。其次，要注意午点的多样化和丰富化。幼儿首先是通过感知觉来认识世界的，我们选择食物时，食物的色、香、味、形等直接影响着幼儿的食欲。比如，颜色会影响儿童的心理，与儿童的味觉、情绪、食欲等有着内在的联系，这是一种感知觉的相互作用以及联觉。所以，食物良好的色、香、味、形，甚至温度都会使幼儿产生愉悦情绪，从而增进食欲。

二、培养幼儿良好的就餐习惯和独立进餐能力的养成

幼儿期是习惯养成的关键期，这一时期良好习惯的养成，将影响着幼儿今后一生的发展，包括幼儿的终身习惯与道德修养。养成良好的习惯是幼儿园生活教育的重要目标。食育教育从午点礼仪教育入手，例如：午点前的盥洗、进餐中的礼仪、餐后的整理和盥洗等。当今社会，由于生活条件的优越和食品的过度满足，使许多幼儿养成了吃饭挑剔、边吃边玩等不良饮食习惯，如果没有形成与之相应的良好饮食卫生习惯和礼仪，光有丰富可口的食物也是徒然。如何让幼儿爱吃，如何吃好等，应该成为幼儿园教师教研的重要内容，应该有目的、有计划地运用符合幼儿年龄段特点的方式方法，科学地组织午点环节。不仅有助于培养幼儿养成良好的进餐习惯、生活学习习惯和独立进餐基本能力，促进幼儿的身心和谐健康发展，也有助于班级良好常规的建立，幼儿成长，教师轻松。

三、充分挖掘幼儿园午点环节的教育资源

"教育即生活""生活即教育"，教育的过程就是生活的过程，要把各领域教育内容有机地渗透到午点活动中去，使教师重视幼儿的午点活动。

《幼儿园教育指导纲要（试行）》中要求幼儿"在生活和游戏中感受事物的数量关系，体验数学的重要和有趣"。针对幼儿对午点中的食物很感兴趣，让幼儿动手、动脑，充分发挥幼儿的自主性，利用游戏的形式，把各种水果、蔬菜、小吃、奶类、豆类等进行数数、配对、比较大小、摆拼等数学活动，促进幼儿数理逻辑思维的发展。在午点环节中创造"听、说"的机会，提高幼儿语言表达能力。以午点生活环节为途径，利用一切积极因素和机会，灵活、随机地引导幼儿多说、善听，比如餐前让幼儿说一说今天吃的午点是什么？每个小朋友吃几个？是什么颜色的？什么形状的？等等，培养幼儿初步的听说能力以及交往技能，促进幼儿语言能力的发展。当然这种渗透是有效的渗透，不是盲目渗透。不增加幼儿生活活动的额外负担，不过度渗透，让幼儿在吃吃喝喝的温馨午点活动中潜移默化、自然积累，并习

得相关的知识经验和技能。

四、培养幼儿分享、谦让及合作精神

充分利用午点这一生活环节，强化幼儿的合作观念，逐渐帮助他们形成集体意识和合作意识。比如吃午点时，如果吃的东西不够一人一个，可以引导幼儿讨论该怎么分才能让每个小朋友都吃到午点，有没有小朋友愿意和其他小朋友分享食物。在教师的引导下孩子们会很快分好组，愉快进餐，避免了你争我抢的情况。教师应及时表扬主动和他人分享的幼儿，树立正面榜样。通过午点活动环节，既培养了幼儿遇到问题要想办法解决问题的能力，也培养幼儿的集体意识和合作精神。

五、午点也应该遵循丰富化和营养均衡的原则

幼儿在幼儿园要连续一周或是一个月、一个学期用午点，因此也要考虑营养的合理安排，午点也要体现食物的多样化，营养的均衡性。不仅要考虑甜咸搭配，干湿搭配，还要注意食物之间的搭配。当然也要考虑幼儿的年龄特点和进食习惯，采用合理的烹调方法。

六、家园合作共进

幼儿在园的膳食情况一直是家长关注的重中之重。为了不断提高幼儿的膳食质量，增进家长对幼儿园膳食工作的了解，让家长们参与幼儿园的膳食管理工作中，让孩子健康饮食，幼儿园可以邀请家长一起为孩子的午点出谋划策，开展营养午点大比拼活动。活动既可以丰富幼儿园午点的多样性，又加强了幼儿家长对幼儿园的了解和感情。

《3—6岁儿童学习与发展指南》指出："幼儿应具有基本的生活自理能力。建议鼓励幼儿做力所能及的事情，对幼儿的尝试与努力给予肯定；指导幼儿学习和掌握生活自理的基本方法。"幼儿进餐环节是幼儿在园一日生活的重要组成部分，其背后的教育价值值得教师去挖掘与应用。教师要善于把握教育的契机，把幼儿的学习渗透于幼儿一日生活各环节之中。优化幼儿进餐流程，培养幼儿进餐的主动性与独立性，提升幼儿自理能力，促进幼儿良好生活习惯的养成，使幼儿在集体环境中形成的自觉行为，最终为其一生成长打下良好的基础。

点评：石家庄幼儿师范高等专科学校　　陈明晖

第三部分

幼儿园教师在饮水、如厕与盥洗环节的自我管理

第一节　幼儿饮水环节中的教师自我管理

【案例呈现】

案例一　　　　　　　　不想喝水的卡卡(小班)

上午的集体教学活动结束后,S老师走到饮水机旁说:"现在,请小朋友们像小花猫一样轻轻地走着去拿杯子,排队喝水。"开始,只有五个小朋友慢慢地走到杯子架前拿了杯子,自觉排队等待接水,其他小朋友仍然在座位上聊天或者在教室里溜达。这时S老师开始点名:"拉拉、奇奇、笑笑、卡卡……赶紧去拿杯子喝水!"小朋友一个个急忙跑过来,拿着杯子排到等待线上,但边排队边拿着杯子玩耍嬉戏。这时,卡卡小朋友仍然在教室里转来转去,并不理睬老师的"点名",S老师走到卡卡身边,蹲下与他交谈。

S老师:"卡卡,你为什么不去接水喝呢?"

卡卡:"我不想喝水。"

S老师说:"老师特别喜欢和你说话,因为你的声音很好听,如果你总不喝水会生病的,嗓子会哑,声音就不好听了,所以必须要多喝点水。"

于是卡卡终于慢吞吞地去拿了杯子排到了小朋友的后面,可是转眼间他拿着杯子又跑到活动区去玩了。S老师又走过去:"卡卡,你不是答应老师要多喝水吗? 为什么又不接水了呢?"

卡卡:"小朋友好多啊,我想等别的小朋友接完再去接。"

S老师:"你要学会排队等待,我正好也该喝水了,我和你一起排队等待好不好?"

于是,S老师也拿着水杯,和卡卡一起排在了小朋友的后面。

教师反思

当幼儿度过"分离焦虑"期,逐渐适应幼儿园的集体生活后,教师也需要开始加强对幼儿的常规培养。在上述案例中,教师通过"点名"的方式提醒小朋友排队接水,又通过个别交流、以身作则的方式引导个别不能遵守规则的小朋友排队喝水,最后达到了让所有小朋友排队喝水的目的。但是在饮水环节,当有较多小朋友排队时,等待时间经常会出现很多问题,如:幼儿没有耐心等待、相互推挤、接水量多或少、洒水等,教师应该从幼儿的视角出发,理解幼儿等待中出现的各种状况,并采取措施减少幼儿等待的时间,如:分组喝水、组织幼儿一起探讨如何喝水等。

河北省直机关第七幼儿园　　杨玉洁

案例二　　　　　　　　老师也排队(大班)

集体活动结束后,孩子们自己拿水杯到饮水机处接水喝。有些孩子很自觉地站在线上排队等待

接水;有的孩子拿着水杯往前边插队,引起其他小朋友的不满;还有的孩子逃避喝水,游荡在接水队列之外。老师拿着自己的杯子,什么话都没说,和孩子们一样走到线上,站在接水队列的后面,等待接水。前面的豆豆回头看了看老师说:"你也接水喝吗?"老师笑着点了点头。正在排队的小朋友排得更好了,没有排队的小朋友也跑过来看看老师,笑一笑,拿了杯子站在老师的后面,排队等待接水。

教师反思

教师的榜样示范对幼儿的成长起着潜移默化的积极影响和教育作用。另一方面,教师以平等的姿态面对幼儿,与幼儿融为一体,会增强幼儿对老师的喜爱和尊重,使幼儿更愿意模仿教师的行为。教师和孩子们一起排队接水,体现了师幼平等和身教胜于言教的教育观。

河北省直机关第七幼儿园　韩　慧

案例三　我也想用水杯打电话(中班)

区域活动结束后,音乐响起,喝水时间到了,班级饮水机前的地上有排队的小脚印引导幼儿排队,幼儿纷纷拿起自己的水杯。幼儿1在队伍最后将水杯放在耳边,边听边说话假装在打电话。旁边的小朋友开始纷纷效仿,都拿起自己的小水杯打电话,队伍变得乱哄哄。幼儿2开始大声喧哗,并搂着前面小朋友的脖子,他们都离开了小脚印的控制线。教师见状,首先制止了幼儿2的大声喧哗行为。

老师:请保持安静,声音太吵了这么好听的音乐咱们都听不见了。

幼儿2:可是他们拿杯子打电话,他们太吵了。

老师:水杯用来喝水,杯口一会儿对着嘴巴,你们把杯口对着耳朵,把细菌都带到嘴巴里了,肚子会疼,谁要做一个讲卫生的小朋友?另外,小脚丫们都在一边,它们为小朋友排队提供了帮助,可是小朋友没有按照它们的帮助排好队,它们会伤心的。

教师重点引导幼儿1和幼儿2,其他幼儿见状也都排好队,拿好水杯。

事后,教师根据孩子们对于打电话的兴趣,带着孩子们用纸杯做了土电话。

教师反思

很多幼儿园中幼儿经常集中排队喝水,传统观认为喝水常规也是衡量班级常规的重要方面。这种喝水组织形式的优点是能保证幼儿每天的饮水量,缺点是到了喝水时间,有的孩子不渴,没有喝水的愿望,在消极等待的时间中,用手里的水杯进行游戏。

教师用游戏化的语言跟幼儿提出排队要求,重点引导自控能力较差的幼儿。对于不能很好控制自己行为的幼儿,引导他们以适宜的方式表达自己的情感,根据卫生保健相关情况对幼儿行为进行指导。教师根据幼儿的兴趣生成了后期打电话的教育活动。

河北省直机关第七幼儿园　庞立冬

【案例评析】

案例一中,S教师在耐心引导幼儿饮水无果后,用点名的方式对幼儿进行了督促和提醒。这样的方式一定程度上有效果,但也有失妥当,容易使幼儿产生逆反心理,或者在排队时间较长的等待过程中发生冲突。S教师善于观察,看到一些幼儿没有按要求饮水时,及时进行了提醒,当卡卡小朋友没有理睬教师时,教师还主动蹲下与他进行单独、耐心的交谈,之后又以身作则,主动示范饮水时正确的排队规则,为幼儿树立了良好的榜样。

案例二中,教师充分发挥了自己的榜样示范作用,没有用说教的方式,而是以身作则,触动幼儿的内心去自觉遵守行为规范。模仿是幼儿学习的一种方式,幼儿时期的一个重要特征就是善于模仿。

幼儿也有很强的观察力,通过模仿他人的言行举止,从而获得相应的经验。幼儿从模仿中还可以获得成功和喜悦的乐趣。此外,教师还用平等的方式与幼儿一起接水,体现了教师以幼儿为本的教育观。

案例三中,教师在整个指导过程中使用了恰当的教育方式。首先,教师善于用游戏化的方式进行教育,引导幼儿按照地面上的小脚印排队喝水,就是将幼儿的饮水习惯通过游戏化的形式进行了规范,教育过程中的语言生动、有趣,且容易被幼儿理解。教师在教育过程中善于抓住重点,对饮水排队过程中行为习惯不好的幼儿进行了个别指导,使得大多数幼儿的不良模仿行为得到了及时且有效的控制。最后,教师还根据幼儿的兴趣组织了制作土电话的活动,可见教师善于抓住教育的契机,具有优秀的教育智慧。

饮水环节是幼儿园一日生活常规中的一个重要组成部分。幼儿一天必须摄入充足的水分才能确保身体的健康发育。因此,教师必须及时提醒幼儿饮水。然而在饮水的整个环节中,教师的管理和教育也存在着一些问题,具体表现为:

第一,教师对幼儿的饮水环节不够重视,有些教师认为饮水就是单纯地保证幼儿每天充足的水量和身体的健康,而忽略了在饮水过程中教师可以对幼儿的不良行为习惯进行引导和纠正。

第二,传统的饮水过程,幼儿的排队等待时间较长,容易产生打闹、争吵或者玩耍、嬉戏等情况,进而影响整个饮水环节的秩序。

第三,教师对饮水环节的管理不到位,细节把握不够。有些管理不规范的幼儿园可能会发生水温过凉或者过烫的现象,进而对幼儿造成不同程度的身体伤害。

第四,教师在规范幼儿饮水的过程中,有时候语言过于严厉和苛刻,没有使用恰当的语言进行指导,并且不善于运用游戏化的形式对幼儿的行为进行规范。

第五,教师不能以身作则,不能进行正确饮水的行为示范,不能真正做到与幼儿平等地交流和对话。

第六,教师在幼儿饮水的环节中疏于观察,忙于整理其他物品或者在一旁休息和交谈,忽略了对幼儿饮水的指导,甚至对有些贪玩没喝水的幼儿不加教导。

幼儿教师在规范幼儿的饮水环节中存在的这些问题,原因是多方面的,主要是教师队伍的素质参差不齐,教师的保教知识和理念不到位,教育方法不科学,忽略幼儿的身心发展规律和特点等。

【目标设定】

幼儿园的饮水环节,要达到以下几个目标。

一、安全性

1. 饮水的水温要适宜,不能过热或者过凉,要根据季节和天气情况进行适当的调整。

2. 幼儿接水和饮水时都要用双手拿杯子,避免水杯中的水洒落。

3. 幼儿接水后,要回到自己的座位饮水。

4. 幼儿饮水时要尝试水温,避免口、舌烫伤。

5. 幼儿饮水时不要说话,要小口饮水,避免呛、噎。

二、规范性

1. 规范幼儿的排队等候行为,饮水前的排队要有秩序、有次序,尽量减少排队等候的时间。

2. 饮水和排队的整个过程中要避免幼儿之间出现争执、大声喧哗和嬉戏打闹等行为,以免发生烫伤等危险。

3. 使用规范性的标识,比如地标、指示标等,指示幼儿进行规范的排队和饮水。

三、引导性

1. 在排队等候时间,使用游戏化的方式对幼儿的等候行为进行规范性指导。

2. 对于饮水速度的参差不齐,教师要引导饮水较快的幼儿进行下一步的活动。对于饮水较慢的幼儿,教师要耐心等待,但也要适当进行督促。

【幼儿园教师自我管理基准线】 ▼

对幼儿的饮水环节进行管理,有利于培养幼儿的良好行为习惯,也要求教师具有较高的素养。因此,教师要加强自我管理。

一、树立重视幼儿行为习惯培养的意识

幼儿园无小事,幼儿的行为习惯都是在点滴的日常生活中形成的。幼儿园教师要认识到幼儿的饮水环节不仅是保育的重要环节,也是引导幼儿形成良好行为习惯的重要途径。教师要树立重视幼儿行为习惯培养的意识,才能在饮水环节有意识地培养幼儿的良好行为习惯。

二、细心观察幼儿的饮水习惯

观察是幼儿教师必备的一项能力,只有善于观察,才能有针对性地指导幼儿的行为规范。首先,教师要善于观察幼儿在饮水环节的行为习惯,不能在幼儿饮水时进行其他活动或者在一旁闲坐、交谈等。教师既要从整体上维持好秩序,保证幼儿安全;又要恰当地对一些拿着杯子在一旁打闹、嬉戏或者发生争执的幼儿进行个别指导。教师要在细心观察的基础上,先分析清楚事件发生的原因,然后再进行恰当的行为指导。另外,教师要细心观察幼儿在饮水时的反应,对水温有很好的把控,结合幼儿的不同身体情况,保证每个幼儿的身体不受伤害。

三、耐心培养与管理

教师要耐心地对幼儿的饮水进行规范性指导,不仅在言语指导时要有耐心,在行为示范方面也要充满耐心。教师要在饮水环节的前后都反复、多次地强调饮水时的规则,要关注到每一个幼儿喝够足量的水。当幼儿出现不良行为习惯时,教师要避免使用不耐烦的情绪或者严厉的语言进行呵斥,要耐心地和幼儿进行交流,引导幼儿规范自身行为。另外,教师要以身作则,树立榜样,善于用自身的行为示范去引导和管理幼儿,要善于触动幼儿的内心,使其自觉遵守行为规范。比如,跟幼儿一起排队和接水等,要用平等的姿态引导幼儿模仿教师的正确行为,尽量避免使用说教的方式进行指导。

此外,教师在饮水环节的管理中,还要善于使用游戏化的方式吸引幼儿的注意力,引导幼儿更理解和接受饮水环节种中行为规范的各项要求。

四、加强反思与学习

教师要善于反思自己在指导幼儿饮水过程中的言语方式以及行为方式,要在每天的饮水活动后进行自我反思与总结。新手教师要多学习和借鉴其他优秀教师对幼儿饮水的管理方式,并善于积累一些实用的管理技巧,提高自身综合素质,才能更好地在一日生活中规范和管理好幼儿的各项行为习惯。

点评:石家庄幼儿师范高等专科学校　董晓慧

第二节　幼儿如厕环节中的教师自我管理

【案例呈现】 ▼

案例一　　　　　**不愿在幼儿园大便的辰辰(小班)**

小班入园后的第三周,辰辰小朋友从来没有在幼儿园大便过。一天中午所有小朋友上床准备睡觉时,辰辰异常焦躁不安,我在他身边安抚他睡觉。一会儿辰辰表现出肚子不舒服、难以忍受的症状,我急忙带着他去医务室。保健医生询问情况并检查身体后,判断辰辰应该是想大便,可是辰辰拒绝在幼儿园上厕所,坚持要回家上厕所。我和辰辰妈妈电话沟通,得知辰辰确实已经两天没有大便了,而且他从来不在外面或别人家大便,辰辰妈妈当时也没有时间过来接他。于是,我边轻轻揉着辰辰的肚子,边对他说:"在幼儿园大便和在家是一样的,老师会像妈妈一样陪着你,帮你擦屁股,我们去厕所试一试好吗?"辰辰仍然拒绝去厕所。我继续说:"那老师陪你去厕所小便好吗?"辰辰想了想接受了这个建议。

到了厕所后,我建议辰辰到蹲便池小便试一试,辰辰点点头,我教辰辰两脚站在蹲便池的两边,并扶着他蹲了下来,一直陪着他,但他最终也没有拉出来。

第二天中午,辰辰又出现同样的情况,我又陪他去厕所蹲了一会儿,仍然没有大便。

第三天中午,辰辰主动告诉我:"老师,我想上厕所大便。"我很高兴地陪伴他并帮他擦了屁股。

从此,在幼儿园大便对辰辰来说不再是一件困难的事了。

教师反思

当出现幼儿不愿意在幼儿园大便的情况时,我首先了解并分析其原因。在上述案例中,辰辰不愿意上厕所可能是因为他从来没有在除了家以外的任何其他地方大便过。幼儿园对于初入园的小班幼儿来说也是陌生的,在这样一个陌生的环境里幼儿会很拘束,而且由于年龄小,没有自己大便过,不会自己擦屁股,这些原因都导致幼儿不愿在幼儿园大便。因此,我用陪伴和帮助的方式,给孩子足够的安全感,让孩子对这个陌生的环境逐渐熟悉,通过几天的熟悉和锻炼,孩子最终愿意在幼儿园大便了。如厕能力的培养是提高幼儿生活自理能力的重要组成部分,教师应该充分开展家园合作,并主动与家长及时沟通,了解每一个幼儿的性格及能力现状,关注每一个幼儿,尊重幼儿的个体差异。

河北省直机关第七幼儿园　杨玉洁

案例二　　　　　　　　　**粑粑到处都是**

我走进厕所,发现厕所里一片狼藉——便池里、地面上、墩布池边上……到处是"粑粑"。"是谁大便了? 怎么会到处都是? 孩子有没有擦屁股? 是不是有什么难言之隐?"带着这些疑虑,我和保育老师迅速将厕所打扫干净后,轻轻地问活动室里的孩子们:"宝贝们,刚才谁在厕所拉粑粑了?"孩子们没有人回应。我扫视了班里所有的孩子,发现畅畅正坐在椅子上,一动不动,神情凝固,嘴巴紧闭,略低着头,眼睛一眨不眨地盯着我。我走过去问:"畅畅,是你拉粑粑了吗?"畅畅不做声。孩子们哗然地嚷嚷起来:"拉粑粑,哈哈哈……"我很淡定地说:"对呀! 拉粑粑是件很正常的事情,大人、小孩都要拉粑粑! 想拉粑粑的时候能够主动去厕所,这很好! 要是人好几天拉不出粑粑,或者想拉粑粑却憋着,那就不好了!"我的话音一落,教室里一片安静。我又问畅畅:"刚才是你拉粑粑了吗?"畅畅"嗯"了一声,表情放松了很多。我说:"那咱们去看看小屁股有没有擦干净,或者想拉就再蹲一会儿,好不好?"我向畅畅伸出手,畅畅欣然地将小手放到我的手里,起身和我一起去厕所。在厕所里,我检查了畅畅的小屁股,"小屁股非常干净,是你自己擦的?"畅畅微笑着"嗯"了一声。"老师,我的小肚子舒服了,不想再拉了!"畅畅说。随后,我拉着畅畅的小手回到活动室。

教师反思

幼儿阶段的孩子年龄虽小,却已经有着强烈的自尊心。在"拉大便"这件事情上,一些孩子会嘲笑在幼儿园大便的孩子,还有一些孩子为避免被人嘲笑,或者本身觉得不好意思而拒绝在幼儿园大便。畅畅不仅大便了,还弄得到处都是,所以他觉得很不好意思,不想被人发现。当我看到厕所满地狼藉,并没有因为这些麻烦生气,而是考虑到孩子有没有擦屁股,会不会不舒服。当其他小朋友嘲笑大便这种行为时,我淡定地讲述,既保护了畅畅的自尊心,又让所有小朋友对大便这件事有了正确的认识。为了保护畅畅的自尊心和尊重孩子的隐私,在看到孩子身体状态很好的情况下,我没有立即追问为什么会把大便弄得到处都是,因为我相信这肯定不是畅畅故意所为。

河北省直机关第七幼儿园　韩　慧

案例三　　　　　　　　　　　幼儿拉裤子之后

张译心晚饭后一直坐着,其他小朋友去厕所小便,她一直看着去厕所的小朋友,我问她去不去厕所小便,她低头不说话。我看她不太对劲,问她怎么了,她低头指指自己的裤子,我意识到有"状况",赶紧检查后发现她果然把粑粑拉裤子里了。于是我不由地问她:"为什么不去厕所呢?"她低声说:"我没憋住。"我见状,放低声音跟她说:"下次有情况先告诉老师好吗? 老师可以帮助你。"她点点头。随后我帮她换了裤子。

教师反思

经过与助教老师沟通,我发现张译心小朋友在一些特定的场合不敢跟老师说话,比如吃饭时或者课堂上老师维持整体秩序会提出一些要求,张译心好像对自己要求比较高,过于想当个好孩子,所以不太敢表达自己真实想法。我告诉她:不管什么时候,拉臭臭是第一位的,就算小朋友都坐好了开饭了,也可以去拉臭臭! 跟家长的话比起来,幼儿总是更信服老师的话,张译心小朋友自尊心比较强,老师的鼓励可以减少她的挫败感和羞耻感。

河北省直机关第七幼儿园　庞立冬

【案例评析】

教师指导幼儿如厕行为时必须遵循的首要原则是"以幼儿为中心",理解和尊重幼儿是"以幼儿为中心"的表现。

在案例一中,当辰辰小朋友表现焦躁不安时,教师应该询问他:"辰辰,有什么需要老师帮忙的吗?""辰辰你是不是肚子不舒服呀?""辰辰你不想睡觉吗?"等等。不放过任何细节,尽早判断出幼儿表现异常的原因是教师第一时间需要做的事情。当辰辰表现出肚子疼而难以忍受时,教师没有凭经验主观断定辰辰是想大便了,而是急忙带着他去医务室,这是正确的。因为幼儿健康安全必须放在保育工作的第一位。在幼儿表现出对在幼儿园上厕所的抗拒情绪时,教师没有急于要求幼儿上厕所,而是先和家长沟通交流,分析幼儿不大便的原因。然后对幼儿的反应给予认同和理解,用温柔的动作和温暖的语言,使幼儿情绪放松。最后,采用降低任务难度的策略,鼓励幼儿去小便,并指导他学习蹲幼儿园的便池,并一直陪着他。通过如厕这样隐秘事件的陪伴,增进了师幼之间的亲密度和信任感,帮助幼儿消除恐惧和担忧,虽然第一天幼儿没有大便,但是为第二天辰辰可以继续同意老师陪着去厕所打下了基础。通过前两天的体验和感受,辰辰不仅学会了蹲幼儿园的便池,而且感受到了幼儿园和家里是一样安全的,老师一直很温和地陪着他。所以,第三天幼儿主动大便,这已经不仅仅是学会在幼儿园如厕这么简单了,他通过自己的努力和尝试解决了困难,获得了成功体验。教师做到了如反思中写到的:"教师应该与家长及时沟通,了解每一个幼儿的性格及能力现状,关注每一个幼儿,尊重幼儿的个体差异。"

案例二中,教师发现厕所里到处都是粑粑时,没有火冒三丈,而是连续问了自己几个问题。第一个问题"怎么会到处都是?"是针对幼儿行为原因提出的,第二个问题"孩子有没有擦屁股?"是对幼儿最直接的关心,第三个问题"是不是有什么难言之隐?"是对幼儿内心的探索。三个问题的提出都是紧紧围绕幼儿行为产生的原因和影响提出的,体现了教师较高的职业素养。很多教师面对这种场面首先想到的是"又得擦粑粑,真倒霉",然后在第一时间找到"罪魁祸首"。案例中的教师考虑到幼儿强烈的自尊心,于是迅速将厕所打扫干净,轻轻地询问。当其他小朋友嘲笑时,抓住教育时机,很自然地给幼儿讲解了定时排便的重要性。为了保护畅畅的自尊心和尊重幼儿的隐私,在看到幼儿身体状态很好的情况下,教师没有立即追问为什么会把大便弄得到处都是,因为教师相信这肯定不是畅畅故意所

32

为。在整个事件中教师没有任何焦虑、急躁、愤怒,用自己的实际行动为幼儿传达了这样一个信息——拉大便很正常,即使现在拉得到处都是,不久的将来一定会正常的。体现了对幼儿自我积极发展的足够信任和对幼儿差异化发展的尊重。

案例三中,教师凭借职业的敏感立即判断张译心小朋友把粑粑拉在裤子里,但只是问了一句"为什么不去厕所呢";之后告诉她:"下次有情况先告诉老师好吗? 老师可以帮助你。"教师没有责备幼儿,而是告诉她下次如何做,并帮她换了裤子,教师的行为体现了对幼儿的尊重。但是教师之前已经判断张译心小朋友是因为对自己的要求比较高,想要维护好孩子形象才压抑自己需求的,那么教师就应该装作若无其事的样子把孩子分离引领出去,尽可能地缩小其他幼儿知晓的范围。先通过保护孩子的自尊心建立幼儿对教师的信任,之后再告诉幼儿该如何做,比如:"你想拉臭臭了,不想在大家面前告诉老师,可以站起来不说话,冲老师点点头,老师也冲你点点头,你就可以去了。好不好? 咱俩现在演示一下?"并在以后的师幼交往中利用各种机会逐步地引导幼儿,直到她可以说出真实的想法。

如厕是幼儿园一日活动中重要的生活环节,它不但反映孩子最基本的生活自理能力和卫生习惯,而且对幼儿的积极情感、独立性、自尊心等发展都有重要意义。青年教师往往对于幼儿出现的如厕问题束手无策,在指导幼儿如厕环节时,不能很好地理解、尊重幼儿,容易出现以下的问题:

第一,对每个幼儿关注不够。

家长最关注幼儿的吃喝拉撒睡,小班总会有个别家长抱怨孩子穿着湿裤子回家了,由此怀疑孩子在幼儿园受了一天罪。之所以出现这种情况是由于幼儿教师的职业敏感度不够,不能及时捕捉幼儿表情、动作、语言的变化,没有针对幼儿的异常表现采取适当的应对措施,而是只顾忙其他的事情把幼儿的困难抛在了脑后,面对家长的责备只能无言以对。

第二,总是站在自己的角度看待幼儿遇到的困难。

有些幼儿在家里一直是家长帮助脱裤子、擦屁股、提裤子、冲厕所,幼儿在幼儿园根本不会自己如厕,甚至有的幼儿都不敢蹲便池。教师往往会跟幼儿说:"这多简单! 你看别人怎么做你就跟着做!""这洞这么小,又卡不住你,你怕什么?""你擦过桌子吗? 擦屁股也是一样的"等等。教师不了解幼儿的精细动作发展程度,也没有分析过如厕行为需要幼儿具备哪些能力,总是站在成人的角度,轻易地否定幼儿的难处,忽视幼儿的需求。

第三,只顾发泄负性情绪,看不到幼儿的需求。

多数刚刚入职的青年教师内心还没有对幼儿的慈爱,他们看到幼儿的排泄物把厕所、裤子、床弄脏,第一反应不是如何对幼儿护理,而是抱怨工作苦累,厌恶幼儿。

第四,缺乏指导幼儿正确如厕的方法。

有些教师总是说:"就你一个人不会整理裤子! 就你不会擦屁股!"要求所有幼儿在某一时间点都学会某一技能。每个幼儿的发展是有差异的,不同个体的心理发展速度不同,同一个体不同心理过程发展速度也有区别。有些幼儿语言能力发展好,教师采用语言指导的方法就能取得良好效果;有些幼儿观察能力强,教师进行动作示范可以促进幼儿模仿学习。所以教师不能使用一个方法来指导所有的幼儿,要在了解幼儿发展差异性的基础上因材施教。

【目标设定】

如果幼儿尚不具备与年龄相一致的如厕行为,或体现出行为能力的倒退,可能是由于如厕行为习惯未完全养成,承受着心理压力。关注幼儿的如厕"小问题"实质上是关注了身心健康的大问题。无论是小班、中班还是大班,幼儿园教师在如厕环节,应达到以下几个目标。

一、建立信任、尊重的师幼互动关系

教师要从心理上主动亲近幼儿、理解幼儿、接纳幼儿,让幼儿对教师建立信任感。幼儿在如厕环节遇到困难时能第一时间想到教师并及时求助;教师在接到幼儿求助信息后,从保护幼儿自尊心出

发,为幼儿创造安全的人文环境,消除幼儿如厕焦虑情绪,帮助幼儿轻松愉快地应对困难。

二、创设促进幼儿自主如厕的环境

教师要通过各种方法途径,促进幼儿自主如厕。首先,教师要为幼儿创设便于幼儿生活的物质环境。比如：及时清理厕所的地面;在幼儿如厕之前检查便池是否干净、便纸是不是充足;在必要的位置提供"小提示""环境暗示"等。

其次,帮助幼儿尽快熟悉班级环境,给幼儿自我成长的空间。教师要多给幼儿自由活动的时间和空间,帮助其尽早熟悉班级环境;减少紧张压力感,促进幼儿和同伴进行良好互动;鼓励幼儿通过相互学习掌握各种生活技能,从中充分体验成功感,摆脱羞怯感。

三、帮助幼儿养成良好的如厕行为习惯

首先,教师要掌握科学的观察方法和调查方法,正确理解幼儿在如厕环节中各种行为产生的原因。

其次,根据行为产生的原因,采用科学的教育方法,指导幼儿掌握正确的如厕方法。教师要以"搭建脚手架"的方式来帮助幼儿,在"搭建脚手架"过程中要遵循以下两条原则：第一,当幼儿明显遇到了困难时,应该立即提供帮助;第二,当幼儿干得很好时,应该减少帮助,逐渐降低对这一过程的干涉。教师必须保证提供的支持和帮助取决于幼儿的进步,从而给幼儿足够的自由发挥的空间,并在适当的时候加以指点。

【幼儿园教师自我管理基准线】 ▽

一、建立正确的观念

教师要树立科学的保育理念。在保育工作中关注幼儿的内在需求、牢固树立全面发展教育观。在如厕环节中,教师既要保护幼儿身体发育,又要实施教育过程中生理、心理和社会保健,重视"保"与"育"的相互作用过程,将保育和教育真正有机地结合起来。

二、学习与学前儿童发展相关的基础知识,加深对幼儿如厕行为的理解

通过学习幼儿生理发展规律,掌握 3—6 岁幼儿如厕行为的年龄特征;通过学习幼儿心理发展知识,理解幼儿出现尿床、憋尿、憋大便的生理原因和心理原因。教师通过对幼儿日常表现的观察和对幼儿如厕行为及相关行为发展的调查,确定幼儿行为表现的真正原因,采用适宜的教育方法帮助幼儿建立良好的如厕常规。

三、积极心理暗示,关注幼儿成长

每天采用轶事记录法观察每个幼儿在一日活动中的表现,尤其要关注幼儿的每一个小进步,记录幼儿的每一个闪光点。长期坚持,教师就能够自然而然地将注意力投放到幼儿积极心理的塑造上,同时还可以培养自己对幼儿发自内心的喜爱,进而产生职业认同感和归属感。

四、多学习,勤反思,探索正确处理如厕问题的方法

教师可以通过钻研反思、请教有经验的教师、继续教育等途径不断总结教训,积累经验,尽快掌握正确处理问题的方法。比如,当幼儿如厕行为出现某些困难时,教师可以参考以下几条指导策略。

首先,教师不要对幼儿尿裤子、尿床、拉裤子等事件做过多的关注,帮助幼儿正确认知大小便这点事,避免幼儿产生心理负担和自卑情绪。

其次,鼓励幼儿多承担力所能及的小事,帮助幼儿培养行为的自主性和自理能力。

再次,教师要抓住恰当时机对幼儿进行科学指导,比如：正常排大小便的益处、便后不洗手的害处、正确蹲便的方法、有序上厕所的好处等等。

最后,遇到问题勤思考,比如：便纸应该多大、几层,应该放在什么位置,如何让幼儿记住如厕的环节,怎么组织如厕的秩序等。

点评：保定幼儿师范高等专科学校　　**王彩霞**

第三节　幼儿盥洗环节中的教师自我管理

【案例呈现】

案例一　　　　　　　　　　　　**七步洗手法(小班)**

从小班入园第一天起,我就教孩子们用"七步洗手法"来洗手,并在盥洗室的墙上贴着"七步洗手法"的步骤图。每天孩子们饭前、便后的洗手环节,我总是在反复提醒小朋友:撸起袖子、把小手打湿、打肥皂、搓搓手心……

有一天餐前,大部分小朋友洗完手后,我也去洗手做餐前准备,我三下五除二地冲洗了一下手,正要擦手时,旁边的小宇突然说:"老师,你怎么没有按墙上的图洗手啊? 应该像我这样洗。"他一边做示范一边说:"搓搓手心,这样搓,然后搓搓手背,这样搓……"(这正是我平时指导孩子时用的话语)当时我很羞愧,对小宇说:"老师刚才太着急了,没有把手洗干净,谢谢你告诉我怎样洗手,你来教我再洗一遍吧! 我以后一定好好洗手。"

从此,不管旁边有没有小朋友看着,我都会认认真真按照"七步洗手法"洗手。

教师反思

上述事件我反思了很久,深知自己没有"言传身教"。根据皮亚杰的认知发展理论,幼儿正处于一个以直观形象思维为主的年龄阶段,是非观并不是非常清晰,教师和家长所呈现的行为都是他们复制的模板,幼儿的模仿性强,他们信任老师,对老师的观察细致入微,教师的一言一行都是幼儿效仿的对象。作为幼儿教师,要时刻注意自己的言行,树立为人师表的形象。要求孩子做到的事情,首先自己要做好。为孩子树立榜样,言传身教是我们每一个教师都应重视并做到的。

河北省直机关第七幼儿园　　**杨玉洁**

案例二　　　　　　　　　　　　**盥洗室的小脚印(大班)**

要吃午饭了,孩子们一股脑进入盥洗室,小小的空间一下子就沸腾起来。25名孩子,只有6个水龙头可以用。抢先占到水龙头的小朋友不慌不忙地洗手,后面的小朋友有的闲聊,有的几个人在一起嬉戏打闹,还有的人耐不住性子等不及,直接走到水龙头前打算和别人共用水龙头。盥洗室不时会冒出争执、告状的话语。

如何解决人多水龙头少的问题? 如何让盥洗环节更有秩序? 一番思考后,我剪了一些小脚印,以整齐队列的形式粘贴在对应水龙头的地面上。

晚餐开餐前,又是盥洗的时间,我将幼儿分为两组,一组先到盥洗室洗手,另一组在区域里活动等待。孩子们进入盥洗室,看到排列整齐的脚印,很有兴致地踩到上面,自然地排好了队。由于盥洗室人数减少了一半,孩子们消极等待的时间也大大减少,盥洗环节井然有序。

教师反思

盥洗室空间相对狭小,而且地面易滑,孩子们无序的状态不仅会增加消极等待的时间,还存在安全隐患。在解决这个问题的过程中,我没有用语言的形式命令、说教,因为我知道那样不能解决根本问题,于是我一方面采用分组的策略减少盥洗室的人数,另一方面创设有秩序的环境——将"懂得排队"的目标物化为"小脚印"，通过环境来引导幼儿。

河北省直机关第七幼儿园　韩　慧

案例三　　　　　　　　　　**表扬于梦泽（中班）**

于梦泽小朋友来到盥洗室，准备洗手。他挽起袖子，按照原来在墙上贴的"七步洗手法"洗手，认真仔细地按照儿歌要求认真揉搓两只小手：两只小手，手心手心搓一搓，手背手背搓一搓，手缝交叉洗一洗，拇指拇指转一转，指尖指尖洗一洗，指背指背握一握，手腕手腕转一转。我见状后表扬了他，说："于梦泽洗手认真，小手真干净。"他听到后伸出洗干净的小手，高兴地给旁边的小朋友看，然后在空中挥动小手。

教师反思

于梦泽平时对自己要求就很高。前两天我们刚刚组织了七步洗手法，他在活动中听得很认真，小手指跟随老师的讲解做动作。他有很强的专注力，独立性较好。我对他的这个行为进行了表扬，正向强化了他的做法。

河北省直机关第七幼儿园　庞立冬

【案例评析】

案例一中，教师在幼儿入园第一天就有意识地教孩子们用"七步洗手法"来洗手，说明该教师是一个十分有实践经验的老师。培养幼儿良好的习惯是幼儿园教育的重要内容，有人将其称为养成教育，"养"是一个持之以恒、循序渐进、潜移默化的过程，决非一日之功，也不可能一劳永逸，必须早抓，从小抓起。"养"的前提是教师的教和引，所以教师要从一开始就教给幼儿正确的洗手方法，避免错误的行为成为习惯后再次纠正的困难。案例中的教师刚开始没有时刻注意自己的言行，被幼儿当作了反面教材。但是当幼儿提出教师的问题后，教师知错就改的态度却为幼儿树立了做人的榜样，同时体现了对幼儿人格的尊重，对幼儿行为的赞同。在自我反思部分教师深刻地认识到了自己行为的影响，并明确了今后努力的方向，保证了自己职业的可持续发展。教师的这种行为是值得学习的。

案例二中，大班幼儿已经掌握了洗手方法，所以在洗手过程中就会出现故意拖延时间、玩水玩肥皂、互相拥挤、甩水打闹等现象，所以教师不能有丝毫松懈。除了案例中的分流管理办法外，教师还可以尽可能减少整齐划一的洗手环节，因为全体幼儿同时开始洗手，同时结束洗手，教师需要投入较大的组织精力，幼儿也会花更多的时间在排队、等待中。另外，案例中的幼儿是在大班，应该具备排队等候的能力，教师要教会幼儿在排队时什么是期望的行为。当他们进入小学后，才能不打扰同学；在公共场合才能遵守公共秩序。

案例三中，幼儿良好习惯的养成不是一朝一夕形成的，而是在每日的不断重复强化中逐渐形成的。由于幼儿的自我意识还在形成过程中，所以他们很容易受外界因素的影响。幼儿表现出来的好的行为要转化为习惯需要反复地刺激强化，没有及时刺激行为就会消失，不可能形成习惯。所以教师看见于梦泽小朋友认真洗手后及时表扬他，这是对幼儿良好行为的及时强化，即促进其在以后的教学活动中继续保持认真的学习态度，也直接促进其坚持洗手，同时还为其他幼儿树立了学习榜样，营造了良好的学习氛围。幼儿在正确行为——及时强化——正确行为——及时强化，多次循环后，洗手就变成了习惯。

刚刚入职的幼儿教师一般都先从保育工作做起，幼儿的各种洗手问题常常让他们大伤脑筋。在盥洗环节很容易出现以下问题：

第一，轻视盥洗环节。

与如厕、喝水、睡觉等生活环节相比，洗手往往是幼儿一日生活中容易被轻视的过渡环节。有些教师觉得幼儿一天饭前便后、户外活动后都洗手,所以没有必要要求每次都按照标准的洗手流程进行。有这些想法和做法的教师没有考虑到幼儿喜欢用手去探索周围的世界,还喜欢吃手指头,他们的手是最容易感染到细菌的。洗手这个简单而重要的动作,对于增强幼儿卫生意识,切断手口传染途径,保证幼儿身体健康的具有重要意义。

第二,细节管理不够。

保育工作本身就很琐碎,所以有些教师很容易忽视"洗手"环节的细节管理,导致幼儿到大班还没有养成良好的洗手习惯。比如,有些教师在组织幼儿洗手时,把幼儿带到洗手间门口,让幼儿自己进入洗手间洗手,自己则站在门口干无关的事情或者和等待的幼儿聊天,不再关注洗手幼儿的动作是否正确,流程是否完整。当幼儿出现甩水、浪费水的现象时,心情好就管管,心情不好就不管了。儿童时期养成的良好习惯,孩子可以受益终身;在儿童时期养成了坏习惯,就有可能终身受到伤害。因此,在养成习惯的过程中,如果不能坚持对幼儿行为的严格要求和及时强化,就不可能协助幼儿养成终身受益的好习惯。

第三,教育方法手段单一。

有些教师觉得洗手很简单,而且在家里父母就经常教给幼儿洗手,所以没有必要对洗手环节进行教育设计和环境创设,只要用语言多强调几次动作要领和注意事项就够了。殊不知,洗手作为一项教育内容是有其教育目标和具体要求的,幼儿对事物的理解还十分有限,教师如果只是用简单的语言告诉幼儿洗手的操作步骤和注意事项,幼儿很难理解。

第四,忽视家园共建。

培养幼儿良好的洗手习惯,不仅仅是为了幼儿园一日常规的形成,更是为了幼儿养成终身受益的卫生习惯。可是,有些教师只关心幼儿在幼儿园里洗手常规是否形成,根本不关心幼儿在家里的表现,认为那是家长的责任,跟自己无关。

【目标设定】

在幼儿阶段让幼儿养成良好的生活习惯,为以后的发展打下良好的基础是十分重要的。在幼儿一日生活中,"洗手"是幼儿每天重复多次的环节,这个环节不是一个简单的动作学习,而是一项必要的教育内容,幼儿园教师在该环节中应达到以下几个目标。

一、遵循幼儿发展阶段,设定幼儿阶段性发展目标

幼儿的发展具有连续性和阶段性,是一个不断量变和质变的过程,质变是幼儿通过不间断的量变逐渐达到的新阶段。所以在指导幼儿的过程中,一定要准确判断幼儿所处的发展阶段,并对该阶段幼儿的发展特点有清晰的把握,进行科学的指导,让幼儿按照自身的发展速度和方向健康成长。在洗手环节中,教师不但要根据幼儿的年龄阶段设定教育目标,还要根据幼儿遇到的不同困难为幼儿设计差异化的发展目标。比如,幼儿不爱洗手、肥皂洗不干净、不会挽衣袖时,教师要采取适当的方法帮助幼儿掌握洗手技能;活泼的幼儿喜欢在洗手时玩水打闹,教师就需要帮助幼儿学会克制、懂得节约用水等。

二、为幼儿创设完备的洗手环境

教师指导、协助幼儿养成洗手自主性的最有效途径就是创设完备有趣的环境,发挥环境的教育功能。比如准备:适合幼儿使用的、有吸引力的毛巾、香皂、镜子、护手霜;适宜舒服的水温;清洁整齐的洗手台、地面;有趣且易于幼儿理解的标识等等。

三、抓住"洗手"环节的流程和要点

幼儿园一日生活环节内容的合理安排是确保保教质量的关键。如何在"洗手"这个看似简单的环节流程中体现教师的教育水平,首当其冲的就是要评价教师对该环节流程的管理,能否抓住环节要点。所以教师要对"洗手"环节进行科学细致地设计,在组织管理过程中要抓细节、抓要点、抓小事,自

然、安全、有序、愉快地完成该环节,在实践中随着幼儿经验变化不断调整流程设计和教育要点,对该环节常抓不懈。

四、综合使用丰富而有效的教育方法

教师要根据幼儿的特点和教育需要灵活使用各种教育方法手段。在幼儿表现良好时用竖大拇指、亲抱、语言、同伴示范等鼓励的方法强化幼儿的行为;根据幼儿的年龄和理解力,编写适合幼儿念诵的儿歌;使用说做一体的学习策略,寓教于乐,让幼儿在轻松愉悦中养成良好的洗手习惯。

【幼儿园教师自我管理基准线】

幼儿天生就喜欢水,喜欢玩水,所以洗手环节是教师比较难控制的环节,幼儿容易出现各种问题行为。教师需要通过多种方法营造洗手环节的氛围。

一、提升自身素养,注重在幼儿习惯养成教育中的言传身教

叶圣陶先生说:"坐要端正,站要挺直,每天要洗脸漱口,每事要有头有尾,这些都是一个人的起码习惯。有了这些习惯,身体和精神就能保持起码的健康,但这些习惯不是短时间内就形成的,要逐渐养成。在没有养成的时候,多少需要一些强制工夫,自己得随时警觉,直到'习惯成自然',就成为终身受用的习惯。"

幼儿的大脑如干海绵一样,无时无刻不在吸收着周围的一切信息,无论错误还是正确的行为,幼儿都会模仿。因此,教师必须不断提升自身素养,为幼儿树立良好的榜样。不但注重语言艺术,还要注重身体力行。我国古代教育家孔子说过:"其身正,不令而行;其身不正,虽令不从。"幼儿园教师要时刻保持觉察,必须严格要求自己,践行自己所教,不断反思自己的言行举止。教师之间互相监督互相促进,养成良好的生活习惯和学习习惯。

二、善于观察,准确了解幼儿在洗手环节的实际发展水平

洗手环节流程较多,教师必须准确把握幼儿的实际水平,才能设计合理的操作流程和管理要点。观察是教师了解幼儿的最有效手段,教师可以通过设计观察要点、做观察记录、形成观察反思等练习养成观察习惯,不断提升观察能力。教师可以按照《3—6岁儿童学习与发展指南》的框架,根据幼儿一日生活内容设计盥洗环节幼儿行为的观察要点,按照要点对幼儿进行观察并认真记录观察结果。比如,有的教师为了让幼儿能够正确掌握洗手方法和顺序,在洗手池上方贴了动作说明挂图,可是幼儿仍然马马虎虎洗手,洗手的秩序也没有多大改观。教师发现后重点关注了幼儿在洗手过程中对挂图的反应,通过观察发现多数幼儿根本没有看挂图。这时候教师就要多问自己几个问题:是不是刚入园的小班幼儿对静态的图片不感兴趣?是不是图片形象幼儿不容易理解?是不是需要在贴挂图之前和幼儿一起认识挂图?是不是应该把挂图以动态的形式呈现出来……之后通过查阅专业资料、请教有经验的老教师、探索新的教育手段等途径深入分析幼儿的认知发展水平,解决自己的疑惑,不断提高教育能力。

三、关注细节,勤于思考,把洗手环节抓到实处

所谓"养成",即"养"而后成。"养"的前提是教师的教和引,要教得"勤",引得"到",才能养得"成"。

关注细节。洗手是个很小的环节,但是小环节大学问。不同年龄的幼儿会出现不同的问题。教师要密切关注每个幼儿的洗手过程,对搓洗不仔细、冲洗不干净等行为,要耐心地不断地给予动作示范和语言提示;发现有打闹、玩水等情况,及时给予提醒和引导。洗手结束后,教师要及时用干拖布擦干地面的水。

勤于思考。详细记录幼儿在该环节出现的问题,基于本班幼儿的实际经验和教育目标,与其他教师进行探讨交流,激发自身全新的启发和思考,收获属于自己的独特灵感,对一日生活的每个环节的理解不断深入,尝试使用各种不同的教育方法和手段解决不同的问题。

　　抓到实处。洗手环节组织和引导的重点应放在行为的养成和意识的确立，以及激发幼儿自信心和自立性上面。为了达到这个目标教师应该针对每一个问题采取相应的措施。比如，发现中班幼儿喜欢玩香皂，则可以进行一节泡泡制作活动来满足幼儿的需要，或者利用幼儿对新奇事物的好奇心，投放多色香皂、毛巾等来吸引幼儿。发现幼儿在洗手时玩水，教师可以在告诉幼儿玩水的不良后果后，适当开展玩水的活动或者在幼儿园室外开设玩水区，满足幼儿的这一需要。对于小班幼儿还没有完全建立洗手常规的情况，两位教师可以相互配合，分流组织幼儿洗手，一位教师在洗手间内组织幼儿边念儿歌边洗手，另一位教师在教室内组织幼儿一起复习洗手要求和动作。

点评：保定幼儿师范高等专科学校　**王彩霞**

第四部分

幼儿园教师在集体教学活动中的自我管理

第一节　集体教学活动中教师教学语言的自我管理

【案例呈现】 ⌄

案例一　　　　　　　　　　**恐龙化石(大班科学活动)**

一、欣赏恐龙和恐龙化石图片,导入活动

师:小朋友们抬头看屏幕,我们今天来研究一下这个,这个叫恐龙化石。是许多知识多本领大的考古学叔叔阿姨很辛苦找到的(让幼儿浏览)。

师:今天我们就来研究一下,恐龙化石是什么意思? 为什么现在没有恐龙了呢?

……

师:好了,下面,我要说啊,很多小朋友是喜欢恐龙的。恐龙多威武,在很早很早以前,世界上有很多很多恐龙。

谁先来猜猜,这是什么恐龙? 它长得怎样? 它有哪些特征呢?

幼:老师,什么是特征?

师:特征就是怎么样。说吧,是什么恐龙?

……

师:你们真棒! 认识这么多的恐龙。怎么现在我们生活中没有恐龙了呢?

二、分析恐龙化石形成过程

(一) 提问并观看视频

师:这是什么?

师:你知道化石是怎么形成的吗?

……

观看化石形成视频。

(二) 讨论

讨论恐龙化石的组成部分,播放 ppt 帮助想象(头颈,胸骨,脊椎骨,尾巴,四肢)。

……

师:现在我宣布,这几个小朋友说得很好,很认真。

三、总结

师:今天你们看到了,恐龙时期环境很好,没有雾霾和污染。今天,我们要保护环境,做环境的小主人。

教师反思

幼儿园的小朋友大都喜欢恐龙,所以精心组织了这次活动,找了许多图片,做了视频。活动过程中,幼儿的积极性比较高,看得比较仔细。但是对于恐龙知识,由于我自身了解不是很多,感觉如果不借助视频和多种图片,引导幼儿学习过程中会比较吃力。

案例二　　　　　　　　　　　　**小猴子(小班手指游戏)**

活动背景:

活动前,教师刚刚训了小朋友,说不听琴声收玩具,没带耳朵,下次不给玩玩具。

一、活动导入

师:我们今天又请了一个好朋友。

幼1:小猴子。

师:现在没让你说!他是谁啊?(教师拿出准备好的教具)。

幼1:(弱弱地回答)小猴子……

师:没反应啊!我再说一次,听好!小二班的小朋友你们好!

幼2、幼3等几名幼儿:小猴子好!

师:来,我们请一个小朋友来,他刚才回应我了,反应快。我们再来一次,小二班的小朋友们好!

幼:(小朋友争先恐后地说)小猴子好!

二、学习手指游戏

(一) 播放视频教学

在听故事过程中,小朋友一直在跟着视频中的问题回答,教师在旁站着一直没有反应。

(二) 学习手指游戏

师:再放一遍,跟着做,五只猴子就是五只手指头,做起来!好,你们刚才看到了小猴子跟母亲一起,这游戏的名字叫什么?

幼:小猴子。

师:哦,一只猴子摔一跤,还剩几只?

师:跟我一起来玩游戏,伸出自己的手,我喜欢小眼睛看着老师的小朋友。

教师带了小朋友玩手指游戏,仅几个小朋友跟随。

三、教师再次示范,要求幼儿一起练习

教师反思

手指游戏对锻炼幼儿小肌肉灵活度有很好的作用。一边做动作、一边口念儿歌能促进幼儿注意力、记忆力、感觉统合能力,节奏感和韵律感同时得到训练。幼儿存在个体差异性,小班幼儿在活动中不能同步也是可以理解的。

案例三　　　　　　　　　　　　**菱形(中班主题活动教学片段)**

师:丹丹,告诉我,这是什么形?

幼:菱形。

师:大点声音。

幼:菱形(提高声音)。

师:对,这是菱形,说完整,你说"这个图形是菱形"。

幼:这个图形是菱形。

师:对了,这个图形是菱形(提高声音),小朋友一起说"这个图形是菱形"。菱形像什么呢?

　　幼:手帕。

　　师:小朋友说像手帕。来,你说"菱形像手帕"。

　　幼:菱形像手帕。

教师反思

　　人出生后的语言理解能力和语言表达能力发展需要一个长期的过程,幼儿阶段语言发展将发生质的飞跃。幼儿语言发展途径是多方面的,当前许多幼儿园通过语言教学的传统模式进行注入式教学,教幼儿背诵一些儿歌、诗歌、童话等文学作品,幼儿学习语言的途径是靠"听"和听后的模仿"说"。

　　在贯彻《幼儿园工作规程》和教育改革中,幼儿园要采用多种多样的形式,发展幼儿观察力、记忆力、想象力和思维能力,在培养幼儿应用语言交往的基本能力上,也要让幼儿具有模仿语言的能力。

　　教师在教学中对幼儿的要求和影响很重要,教师每一次都要精心备课,组织好教学语言。

【案例评析】

　　案例一中,教师在给幼儿讲解考古学家发现恐龙化石时,使用了晦涩、模糊、混乱的言语表达,"很早很早以前"对幼儿来说是很遥远的,教师没有用具体的年代(2.3亿年前)或名词(中生代时期)解释。幼儿的思维具有形象性、直观性的特点,"特征"一词比较抽象,超出了幼儿的理解能力,而教师的解释更是让幼儿困惑,因此常有幼儿说话、插话现象。造成这种情况的原因,是教师本身缺乏对相关知识的掌握,却又要维护自己的教师权威。这种模糊和混乱的语言妨碍了幼儿的认知,对教学效果也会产生负面影响。幼儿园教师在对要表达的知识记不住或根本不了解时,往往就会使用模糊语言。混乱是指教师讲解时说错、过多使用口头语和混乱词语。这种混乱往往是因为教师思维缺乏逻辑性和缺乏有效的口头表达能力。

　　在案例二中,教师在活动开展前就把幼儿"训斥"了一遍,幼儿是带着惧怕的心理来活动的,所以活动开始后很多小朋友都没怎么进入状态,教师就一遍遍地要求幼儿回答直至满意为止。教师以一种俯视的语气命令幼儿,教师也很吝啬表扬,即使表扬也是没有感情的陈述语气。活动中,幼儿逐渐对教学视频感兴趣,也愿意参与其中,跟着教学视频回答问题,可这时教师却站在一旁,完全置身事外,不对幼儿做任何回应。

　　案例三中的教师用规范、准确、流畅的语言作出示范,让幼儿模仿,容易收到好的效果。语言习得研究表明,语言感知和运用能力是在具体的环境中相互交往的过程发展的。教师对幼儿的不完整话进行纠正、示范,使之完整、准确,对幼儿的发展是至为关键的。教师通过重复幼儿的话,并补充完整,使幼儿的语言符合规范。在这个纠正、补充的过程中,教师的语言随着幼儿的需要和发展空间作出适时灵活的调整,在幼儿学习的边界地带,教师不断提出更高的要求,对幼儿不完整的话或不清楚的话进行扩展,使其结构完整、意思明确,从而向幼儿表明自己能接受、理解幼儿的话,使幼儿积极地参与到合作性的谈话中。重复幼儿的回答,为幼儿学习架设阶梯。在教学中,有些含义深刻或比较含蓄的教学内容,幼儿一下子难以理解、领悟,可以采用重复的方法,使一些较难的问题引向纵深,让幼儿步步深入,引起注意,起到强化解释的作用。

　　霍姆林斯基说过:"教师的语言修养,在很大程度上决定着学生在课堂上脑力劳动的效率。教师的语言作为影响学生心灵的工具是无法替代的。"教学语言作为一种职业语言,是教师实施教学活动的重要手段,它包括有声语言、书面语言和体态语言。在幼儿园,教师教学语言的使用及其使用方式会对幼儿的学习和发展、师幼之间和谐关系的建立,对教学目标的实现产生一定的影响。无论是对于有经验的幼儿园教师,还是对于刚刚步入岗位不久的新手幼儿园教师和部分转岗的农村幼儿园教师来说,教学语言存在的问题都较为明显。具体表现为:

　　第一,教学语言模糊混乱、繁冗多余、缺乏科学性。

　　有些幼儿园教师在教学中表述不清,过多使用不确定的语言,或是使用过度复杂或纠缠不清的句子。

第二，控制幼儿行为的倾向比较明显。

教师常把对幼儿的提问、表扬作为控制幼儿的一种手段，为了维持秩序，制定了一些规则，这些规则更多是以成人世界的标准为出发点，对于幼儿的年龄特征并不太合适。

第三，传递固有知识和维持秩序多于情感交流。

很多幼儿园教师在教学中是对固有知识的传递和秩序的维持，很少指向情感交流。根据笔者观察，在幼儿园教学中，教师和幼儿的情感交流只有在幼儿表现出明显的消极情绪时才会发生，对幼儿不满、厌恶的负向情感多，喜欢、赞许的正向情感少。

第四，运用的教学语言策略水平较低。

从教师运用教学语言策略水平来看，处于知识和事实教学的低水平状态，很少涉及创造性思维教学。研究中发现，一些新教师甚至有经验的教师，所使用的教学语言比较注重的是"掌握了什么，知道了什么"的陈述性知识，注重的是对知识、信息的感知、记忆与重现的简单加工处理，无法使知识继续深入到幼儿的内心世界获得体验，使幼儿获得的只是堆积的符号与无意义的词句，很难促进幼儿创造性思维的培养。

第五，现场教学语言生成能力不足。

不少新手教师教学语言的特征之一就是计划性语言多，生成性语言少。虽然新手教师也会在活动开始前根据教学目标设计教学活动进程、组织语言，但幼儿的回答是千奇百怪的，教师只能从中选出和心中答案相似的，这极其考验教师的语言应变能力。

幼儿园教师在教学语言中存在的种种问题，原因是多方面的，主要是教师队伍不整齐，教学语言不够科学，教学方法不科学，教师思维与逻辑混乱，教师忽略幼儿的思维特点，师幼间的互动流于形式，幼儿的情感体验被忽视。

【目标设定】

幼儿园教师的教学语言，要达到以下几个目标。

一、规范、简明、扼要性

1. 幼儿园教师的教学语言要规范、精练。要求发音准确，口齿清楚，能纯正流利地说普通话，摒弃个性语言中松散、随便、零乱等缺点，符合普通话规则和现代汉语的表达习惯，根据幼儿的年龄特点控制教学时间。

2. 语言简明还指没有口头禅。如"这个，这个""嗯，嗯"等。在研究中发现，有些教师在一次教学活动中，单"知不知道""是不是"就用了二十多次，几乎每说一句话，后面就要说"知不知道""是不是"之类的口头禅来实现意思的连贯。这种语言不仅听起来不悦耳，而且容易分散幼儿的注意力。教师的教学语言应该是干脆利落的。

二、条理性

1. 清晰而有目的。要言不烦，条理清楚。

2. 语句通顺无误，表达富有层次感。

3. 内化教学目标，紧扣教学目标提问（追问），适可而止。

三、科学性

1. 使用概念要准确。使用专业知识中的术语要准确规范，并符合幼儿年龄特点。讲述常识性的内容时要精确，不走样。

2. 真实而准确。事先对教学信息进行充分的选择、分析与加工，体现真实性与正确性；在回应幼儿的问题时要敢于承认自己"不知道"并共同寻找答案。

3. 教师的语言要有逻辑性和系统性。

四、艺术性

1. 形象性。表达生动形象，富有情感。

2. 感染力。语调富有变化,抑扬顿挫,节奏鲜明。会借助体态语言增强语言表达效果。

3. 真诚而幽默。理解幼儿的思维特点,真诚、幽默、儿童化的表达。

4. 语速适中。

【幼儿园教师自我管理基准线】

教师要有较高的语言素养,因为教师的语言对教育对象的影响是极为深远的。所以,幼儿园教师要加强自我管理。

一、自觉树立重视提高教学语言水平的意识

意识决定行为,行为决定结果。幼儿园教师首先要树立重视提高教学语言水平的意识,再通过一定途径持之以恒坚持学习,达到目标。

二、坚持学习、不断积累

重视自身学习,明确、细化提高自身语言素养的目标。通过日常的积累,不断提高词汇量与表达能力。有意识地加强语言的基本功训练,台上十分钟,台下十年功,只有不断地磨练自己的基本功教学语言技能才有可能进步。

三、备课中精心组织教学语言

幼儿的学习效果和参与程度,不仅取决于幼儿自身的主体意识和活动能力,还取决于教师的教学观念和教学设计以及教师对教学内容、方法的整体把握。因此,教学活动前,教师在设计教学方案和熟悉教学内容的基础上,要精心组织教学语言,包括根据不同领域活动特点设计提问。

(关于幼儿园教师教学活动中"提问"的语言设计,详见本部分第二节"集体教学活动中教师提问的自我管理"。)

四、加强教学反思

没有反思的经验是狭隘的经验,至多只能形成肤浅的知识,没有反思的经验也不会帮助教师获得好的发展。幼儿园教师要想改进自己运用教学语言策略的能力,就应该将反思作为自己教学中的重要组成部分,在活动后进行持续不断的反思,对自己教学语言策略存在的问题的认识和捕捉可能要准确得多,对以后教学活动中改进已有的弊端可能性也大得多。

五、坚持长久不懈地学习

提高教学语言水平是一项长期的工作,教师的语言修养绝非是一日之功,这需要教师日积月累逐渐地形成。因此,教师在工作之余加强学习,不仅是教学语言素养方面要加强,还要学习其他各方面知识。最后,作为幼儿园教师,不仅要了解儿童,了解整个幼教界的发展动向,还必须有学前教育专业知识、专业理念和专业能力。新手教师只有不断地学习和掌握实时信息,提高自己的综合素质,才能提升自己的教学语言水平。

点评:石家庄幼儿师范高等专科学校　史爱芬

第二节　集体教学活动中教师提问的自我管理

【案例呈现】

案例一　　　　　　　　　　纸盒做房子(中班科学活动)

活动背景:

在建构区的"百宝箱"里,我们收集了各种各样的纸盒,大小不一,颜色各异。在建构时,孩子们通常会把它们跟积木组合在一起拼拼搭搭,但经常会有纸盒子被压扁的"惨剧"发生。我们试着让孩子们通过粘贴纸盒搭建楼房。

活动目标:

1. 利用废旧纸盒,搭建粘贴的房屋。

2. 合理使用辅助材料,有创意地完成作品,获得成功的喜悦。

活动准备:

各式各样的纸盒、吸管、药瓶等,剪刀、双面胶、彩纸,各种造型的建筑照片。

活动过程:

一、创设情景,引起兴趣

师:(每人拿一个纸盒)小纸盒,真好玩,来跟我们做游戏。小朋友们,你可以怎样玩纸盒?

幼儿说出各种纸盒玩法,引出搭房子。

二、观察盒子,通过提问,完成纸盒搭楼房

1. 每人一个盒子,发现盒子的不同面当底面,造型不同。

师:把纸盒站立在桌子上,可以当房子。我们来试试。(幼儿在桌子上让盒子站立起来)

师:你能不能把房子换个样子? 再换个样子?(幼儿将盒子的不同底面站立在桌上,当作房子)

小结:纸盒子用不同的面当底,房子的样子就变了。

2. 逐渐增加数量,搭房子。

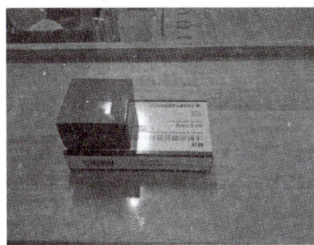

图 1　两个盒子组合　　　　图 2　三个盒子组合

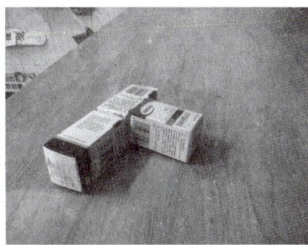

师:每人再拿一个盒子,把两个盒子组合在一起,试试可以搭出什么样的房子。

幼儿合作尝试,摆出不同的造型。如上下重叠、前后并排、T 字型、L 字型等造型。

师:每人拿三个盒子放在一起,试试是否可以搭成新样式的房子。

图 3　房子添上了门和窗　　　　图 4　房子增添了院子

45

3. 观察房屋图片,通过提问,提出要求,幼儿逐步操作尝试。

师:纸盒搭的房子不够结实,一搬桌子就倒了,怎样能长时间保存下来呀?(用双面胶粘)

师:有了房子的外形,它上面还缺什么?(窗户、门)

师:窗户的排列方式是什么样的?(一个挨着一个的、像排队一样)

师:能不能让楼房再高一些?(往上再粘一个盒子)

师:只能往上面增加盒子吗?(下面也行,我加个底座)

通过老师的追问,孩子们不停地思索尝试,房子的规模越来越大。小宝找来了大大的盒子粘到房子下面,高兴地说:"看我的房子有了个大院子。"

4. 创意装饰,完善作品

师:想想有了大院子,可以增加什么设施方便人们出行?

几个孩子又一次开始在"院子"里做文章。选择吸管、棉签来粘"篱笆",后来又增添了汽车"车位"和"起落杆"。

图5 房子增添了更多的设施

三、延伸活动

在区域活动中,幼儿继续扩充房屋的设施,力求完备。

图6 初具规模的建筑群

教师反思

一个小小的问题抛给幼儿,一开始幼儿不知所措,会退缩。教师要及时地鼓励,使他们热衷于制作的过程中。从最初的几个盒子粘连在一起,逐步增加内容,扩大规模。房子从最初的小平房,升级到"带泳池的高级别墅"。幼儿造出来的房子各种各样,有的用玩具当圆屋顶,有的折出纸板当尖屋顶,有的带楼梯,有的装泳池,千姿百态,想象力极其丰富。

这其中,孩子们碰到过困难,经历过失败,最终完成了大型楼房的建造。教师进一步的追问,引发幼儿继续思考探究,找材料,做试验,不放弃,整个活动过程锻炼了他们的坚韧、耐心和不怕失败的品质,充分发展了动手能力、创造想象力、独立思考能力,不仅学会节约资源,还学会了使用各种工具,从而让幼儿体验到创造的快乐。

河北省直机关第二幼儿园　　张晓娜

案例二　　　　　　　　　　**自制皮影人**(中班艺术活动)

活动背景:

在我园开展传统文化的系列活动中,孩子们对皮影戏表演产生了极大的兴趣。我们在班上设置了表演区,孩子们特别喜欢去那里,摆弄一些皮影人物,你演我说地来上一段。一些孩子不满足现有的人物,想增加新的人物形象,有了自己做皮影人物的想法。于是我们根据孩子的意愿,设想让幼儿自制属于自己的皮影道具,就有了这次探究制作皮影人的活动。

活动目标:

1. 了解皮影制作过程并且探究自制皮影的方法。

2. 体验自己制作皮影的乐趣。

活动准备:

A4纸、金属丝、双脚钉、摁扣、筷子、吸管、水彩笔、塑封膜、塑封机。

活动过程:

一、欣赏皮影剧《三打白骨精》

师:今天我们来看一段精彩的皮影戏。仔细看,里面出现了几个人物?

幼儿观看动画片,正确列举主要人物。

师:小朋友们,剧中有哪些人物?

幼:有孙悟空、猪八戒、唐僧……

二、尝试制作皮影人物

1. 幼儿初次尝试制作。

师:小朋友们,我准备了这些人物形象的图片,你们想自己制作皮影吗?

幼:想啊!

师:你们觉得应该怎么制作呢?

幼:把这个人剪下来,按上棍就做好了。

师:那我们就来试一试。你需要什么材料,可以从橱子里取。

幼儿开始制作。把孙悟空剪下来,后面粘上一根筷子。

2. 作品展示,共同发现问题。

师:我们请一位小朋友展示自己的皮影人吧。

幼儿拿着自己做的皮影人站在大家面前,开始挥动。

师:(老师手里拿着一个现成的皮影人在旁边挥动)小朋友们,你们看到我们俩的皮影人有什么不同吗?

幼：××做的胳膊和腿都是不动的。咱们玩的皮影胳膊和腿都是能动的。

师：我们怎样让皮影人的胳膊和腿能动起来呢？

幼：皮影的胳膊和腿都是两节的，我做的是一节的。

师：请你动动自己的胳膊和腿，动起来是什么样子的？

幼：是两截的，胳膊中间这儿有个鼓鼓的东西在动。

师：那是我们胳膊中的关节，我们有了关节，大胳膊和小胳膊就可以活动了。腿活动起来也是一样的。

幼：我想再做一个能动的皮影。

师：我们再试试吧。

分析：孩子们模仿成品画了纸片人，发现胳膊和腿都是直直的，不像买的皮影能动。通过活动自己的身体，发现皮影人动起来的秘密。

3. 幼儿第二次尝试做动起来的皮影人。

师：请小朋友说一说制作动起来的皮影要做什么？需要注意什么？

幼：要把人的头、胳膊、身体、腿、脚都做出来。要做大一点，胳膊和腿都要有关节。

师：皮影人的身体剪好了，要做什么呢？

幼：用双脚钉把身体各个部分连接了。

师：（拿起一片做好的"头"，晃一晃，发出"哗哗"的声音）但是纸这么薄，万一撕坏了怎么办？

幼：可以用透明胶粘上再用钉子扎眼。

幼：老师，你那里有塑封机。能不能用呢？

师：当然可以，而且用塑封机很快就能塑封好，也非常结实哦！

孩子们决定都用塑封的办法让皮影人变结实。

师：塑封好了，接下来要做什么呢？

幼：老师，要把它们剪下来，再用钉子连上。

幼：还要用筷子做棍。

师：小朋友们都知道制作方法了，就可以拿纸开始制作喜欢的人物啦。需要塑封的时候可以找老师帮忙。

幼儿动手制作皮影人，把皮影人的身体分成一节一节的塑封。再把塑封好的部位用双脚钉连接起来，做成完整的人物形象。最后再固定上操纵杆（筷子），皮影完成了。

三、分享自制皮影人

幼儿拿着自己制作好的皮影向大家展示自己做的皮影人，介绍皮影人的名字、爱好等等内容。还可以在皮影幕布上边讲故讲边操作自己的皮影。

四、延伸活动

幼儿学会了皮影人物的制作方法，可以绘画自己喜欢的人物形象，再做成皮影。

教师反思

自从有了皮影之后，孩子们对玩皮影兴趣很大，玩多了，就希望有自己喜欢的皮影人物，于是就有孩子提议想自己做皮影。

为了能让孩子们发挥自己的想象力，我大胆地提供了许多材料让孩子们尝试。孩子们在第一次制作后，发现胳膊和腿不能弯曲，就很奇怪，问题出在哪里呢？这时我并没有直接说原因，而是采用了开放式的提问，不局限幼儿的思路，给了他们更大的想象空间。有效的提问能抓住幼儿的注意力，在幼儿遇到失败、不知所措的时候，教师恰当的提问，能够引领幼儿的思路。

在活动中，幼儿通过对比购置的皮影与自制皮影的不同，发现胳膊和腿不能动的秘密。教师采用追问的方式,引发幼儿继续思考探究,发现问题,"两个人为什么不一样?""怎么才能让胳膊动起来?"就可以更有针对性地解决出现的问题。教师鼓励幼儿找材料,做试验,不放弃,整个活动过程锻炼了他们的坚韧、耐心和不怕失败的品质,充分发展了动手能力、独立思考能力。"动动自己的胳膊,动起来是什么样的?"用这样迁移引导式的提问,让幼儿充分地摸索尝试,寻找答案,而不是把结果直接告诉幼儿。孩子们通过做动作,发现了胳膊和腿能活动是有关节连接着身体。虽然有时不能一下子找到问题的关键,但是最重要的是这个思索的过程。

活动中可以提供更丰富的材料,可以增加卡纸、牛皮纸、透明塑料膜等材料,让幼儿发现更多使皮影牢固的方法。连接部分的材料也可以增加毛根、金属丝等常见的材料用于连接。让幼儿在制作皮影时提供更丰富的材料,让幼儿更多角度地探索。

幼儿通过自己动手制作,深入了解制作皮影人的步骤,而且在制作过程中感受自己制作的乐趣,还可以和同伴分享自己的制作经验,互相合作。

河北省直机关第二幼儿园　葛　范

案例三　　　　　　　　　　　　　**风的辩论赛**（大班语言活动）

活动背景:

随着幼儿语言能力的不断发展,生活中总是能听到幼儿与小伙伴侃侃而谈,甚至据理力争。而在课堂集中活动中,却少有机会让幼儿畅所欲言。因此,将宝宝辩论赛作为一节儿童哲学渗透课初探,将儿童哲学课的目标迁移至语言活动当中,促进幼儿口头语言能力和思维能力发展。让幼儿学会独立思考的同时,运用一定的方法表达自己的观点,在坚持自己观点的同时懂得倾听并尊重反对意见。

活动目标:

1. 从不同角度了解风给我们生活带来的影响。

2. 能大胆、清晰表达自己对风这一现象的看法,能倾听同伴的不同意见。

3. 能遵守轮流发言、有序抢答、举手示意等基本的活动规则。

活动准备:

1. 请幼儿观看辩论赛视频,了解辩论会的基本过程和相关规则。

2. 了解幼儿对风这一现象的已有经验。

3. 桌椅若干、两块磁力板、磁力卡片若卡、白板笔、两队队牌。

活动过程:

一、引入

1. 教师播放背景音乐,与幼儿一起猜谜语,引出辩论的主题——"风"。

师:小朋友们,老师准备了一个小谜语,请你们猜一猜谜语说的是谁?云儿见它让路,小树见它招手,禾苗见它弯腰,花儿见它点头。打一个自然现象。

幼:是风!

2. 组织幼儿简单谈论,引出辩论赛。

师:你们可真聪明,一下子就猜中答案。那么,你认为风对人类有帮助,还是总给我们惹麻烦?

幼1:我不喜欢风,刮风的时候,我总是迷眼。

幼2:对,现在刮风特别冷!

幼3:有时候刮风还挺舒服的。

师:看来啊,小朋友们都有自己不同的意见,今天我们就举办一场辩论赛,来辩一辩,风到底乐于助人,还是总惹麻烦。

二、讨论环节

1. 规则讨论"应该怎样辩论"和"裁判评分标准"。

师：相信大家对辩论会都有一些了解，谁能说一说应该怎样辩论呢？

幼1：要举手，老师让说话了，才可以说话。还要认真听其他小朋友说话。

幼2：要大声地说。

幼3：还得有个裁判呢。不然不知道谁赢了。

师：说的没错，裁判该怎么评分呢？

幼：如果他说的有道理，就给他加一分！

2. 请幼儿根据自己的意愿选择"红队""蓝队"和"裁判组"。

若出现分组人数不均的情况，教师根据现场情况引导幼儿自主分析、讨论解决问题并加以调整。

师：现在，请小朋友想一想你支持哪一方的观点。请认为"风总惹麻烦"的小朋友，作为反方搬椅子坐到左侧。认为"风总是帮助人类"的小朋友，作为正方坐到右侧，快快行动起来吧！

3. 重申辩论会规则以及各组职能，宣布辩论会正式开始。

三、陈述环节：两组队员轮流发言，阐述自己观点

1. 小组讨论，幼儿之间说一说自己的观点。

师：请跟你的小队员们交流一下，说一说你自己的理由。

2. 请几名幼儿代表轮流发言，说出自己最想说的理由。

师：小选手们你们准备好了吗？

幼：准备好啦！

师：好的！有请正方，认为风总帮助我们的选手，依次发言，说明理由。

幼1：我认为，风很好！夏天有了风，特别的凉快。

幼2：有了风，才能放风筝。

幼3：风还可以发电。

师：正方选手的发言特别有道理，反方选手们，你们的理由是什么呢？

幼4：今天的风特别大，好冷好冷。

幼5：风不好，风把垃圾吹得到处都是。

幼6：有的时候风特别大，都把房子吹跑了！

四、自由辩论环节

1. 讨论：什么是自由辩论？怎么在自由辩论中说服对方？

师：刚才正方和反方的小选手们，都简单陈述了自己的看法。你们说的都很有道理，可是好像都很不服气。我们下面进行自由辩论，看看到底谁能把别人说服了。那么，什么叫自由辩论呢？

幼：就是想说什么就说什么。

师：说跟风不相关的事情也可以吗？

幼：不是，得说风好还是不好。你支持哪边，就得说哪边的话。

师：说的没错，我们在开风的辩论会，可千万别跑题。大家随便说吗？

幼：要举手说。

师：有道理，如果大家七嘴八舌地说，那什么都听不到。要一个一个地说。

幼：他们说了一个理由，我们这边就得说一个，不然就输了。

师：没错，得想办法说服他们，赢得比赛。

2. 幼儿自由辩论，教师注意鼓励幼儿，总结幼儿的精彩论述，并引导幼儿关注对方的观点进行反驳。

师：下面，自由辩论环节，正式开始，请正方代表先发言。

幼1：风是好的，有风帆船才能跑。

幼2：不行，龙卷风来了，把船啊、房子车子都卷跑了。

幼3：风是好的，夏天有风很凉快。

幼4：风不好，风把水都吹到陆地上了。

幼5：风吹着很凉快。

师：你说得很有道理，可是刚才有小朋友已经说过这个理由了，再想一想有没有其他的理由？

幼：风把雾霾都吹走了。

五、颁奖环节

1. 裁判组统计各组最终得分，得分高的队伍即是冠军。

2. 宣布冠军得主。

教师反思

风的辩论赛，是一次特别的语言活动。对于教师课堂的组织能力、提问和反馈能力都提出较高的要求。其中，最关键的是教师的提问能力。活动中，教师与幼儿之间的互动大多是通过提问与回答来完成的。提问的有效性和科学性决定目标的达成，决定活动的成败。如何运用提问，引导幼儿有条不紊地进行辩论活动呢？

首先，问题的设计应符合幼儿的经验水平。在活动之前，我找来一些适宜幼儿的"宝宝辩论会"视频，让幼儿观看、感受辩论会的氛围，明确辩论会的规则。因此，幼儿在具备辩论会的相关经验后，教师才能够在辩论会开始环节中，讨论辩论会的相关规则。

其次，问题的语言应科学、简洁、准确。辩论会的中心辩题，本质上是在讨论风好还是不好。但是教师在提问时，应当运用准确的语言描述"你认为风能够帮助人类还是总带来麻烦"。让幼儿在最短的时间内，明白教师的意图并作出准确的回应。

最后，问题的设计应具有启发性和针对性。活动中，教师向幼儿提出的问题，都是开放式的提问，能够引导幼儿充分发表自己的观点，进行交流讨论。比如，规则讨论环节，向幼儿提问"应该怎样辩论"，这样的提问对回答内容限制不严格，给幼儿充分自由发挥的余地，引发幼儿对规则的一系列思考和讨论。如果教师仅仅提问"其他小朋友发言时我们可以说话吗？""不举手可以说话吗？"等选择性的问题，只会换来幼儿不加思考的"是"或"不是"。

河北省直机关第二幼儿园　王媛媛

【案例评析】

提问是集体教学活动中幼儿教师根据教学要求和已有经验，以语言的形式创设疑问情境，引导幼儿思考问题、回答问题的师幼互动行为。恰当的教师提问能够启发幼儿的思维，增长幼儿知识与智慧。幼儿园集体教学活动中幼儿教师所指的提问包含教师发问、叫答和教师反馈等环节。

案例一中，教师从一开始激发幼儿用纸盒制作到引导幼儿思考制作不同的房子、组合造型，再到稳固房子和增加大院子，教师设计的问题像一条线将内容串起来，推动着幼儿思考。教学活动中教师的提问也可以考虑在幼儿提问的基础上加以引导，因为科学活动不同于其他领域的活动，科学活动的内容、材料以及教学方式都是独特的，带给幼儿新的刺激和感受，幼儿在科学活动中最容易产生疑问、提出问题并寻求教师的解答。当前我国幼儿园教学模式无异于小学甚至中学的教学模式，都是教师控制着整个活动，包括通过教师的提问控制活动的发展。同时，有些教师不希望幼儿提问，担心幼儿提问会影响自己的教学计划。

案例二中教师设计的问题比较有效地引导幼儿了解皮影制作过程、探究自制皮影的方法、体验自己制作皮影的乐趣。教师的提问围绕目标，层次恰当。如在"作品展示，共同发现问题"中，教师提问"小朋友们，你们看到我们俩的皮影人有什么不同吗？"能够形成认知冲突，激起幼儿观察和比较的兴趣，真正启发幼儿的思维。案例二中教师提问存在的主要问题是提问模式固定，缺乏个性化的提升。

艺术活动最大的特点就是个性化,每个幼儿对美的体验是独特的,包括二次制作方法上,也可以启发幼儿想出更多的办法。

案例三中,教师做了充分的准备工作,问题的设计符合幼儿的经验水平,教师提问问题的语言简洁、准确,引导幼儿辩论围绕中心辩题,即讨论风好还是不好。问题的设计比较具有启发性,如规则讨论环节向幼儿提问"应该怎样辩论",给幼儿充分自由发挥的余地,引发幼儿对规则的一系列思考和讨论。案例三中教师提问充分体现出了工具性的特点,即能起到提高幼儿语言发展水平的作用,但人文性即对幼儿思想情感熏陶和感染的人文特点体现不足。工具性和人文性的统一在语言活动中应同时达到目标。

叶圣陶先生曾提出:"可否自始即不多讲,而以提问与指点代替多讲。"在幼儿园教学活动中,提问的有效性和艺术性非常的重要。特别是青年教师,要重视教学中提问的精心设计。目前在幼儿园教学活动中的提问存在以下问题:

第一,提问过程是在教师的高控过程中完成的。

教师的提问要远远多过幼儿,出现严重的师幼提问比例失调的情况。提问作为师幼互动中平等、积极的交往活动,目的是围绕教学活动进行平等对话。教师应对幼儿进行引导作用,而现实教学中的提问,更多时候教师表现出强烈的控制欲,造成幼儿主体性的缺失,基本上教师发问,幼儿跟着教师的思路走,教师掌控着整个活动。

第二,教师对幼儿的提问不积极。

有些教师直接告诉幼儿问题的答案或不回答幼儿的问题并找借口推脱,如"这个问题我们下课解决"。还有些教师忽视幼儿提出的问题或对于幼儿的提问表现出厌烦甚至嘲笑的态度。

第三,教学中的提问对象更多时候是集体。

当前幼儿园集体教学活动中的提问面向集体提问的占比很高,教师往往不能做到针对幼儿特点采取不同的提问方式,容易导致有些幼儿不愿意积极思考而盲目跟风回答。

第四,教师提问后等待时间短。

教师在提问后希望出现幼儿争先恐后热烈回答问题的场面,往往在提出问题后不给幼儿足够的思考时间,有些幼儿不加思考张口就答,导致出现看似很热闹的课堂气氛,但问答效果不佳。

第五,教师反馈以重复答案或简单肯定、否定为主。

教师对幼儿回答问题后的反馈方式机械、单一,往往以肯定、否定或重复答案的形式反馈,缺乏针对幼儿思维特点和表达特点引导的追问,不能促进幼儿的进一步思考。

第六,教师缺乏针对不同教学形式、不同领域活动和幼儿不同年龄段特点的提问。

幼儿园集体教学活动中的提问形式单一,幼儿园教师缺乏对不同的教学形式和五大领域活动提问特点的思考和研究,导致教学中提问效果较差。

【目标设定】

提问是支持幼儿园教学活动的有效工具,是提高教学质量的有效手段,也是教学过程中的重要环节。好的提问能调动幼儿的积极性,促进幼儿思维能力、想象力和创造力的发展。幼儿园教师的在集体教学中的提问,应达到以下几个目标。

一、教师要针对不同领域活动的特点的进行提问设计

1. 语言领域活动。提高幼儿语言能力是语言领域教育的重要目标,幼儿语言能力发展依赖语言领域活动教学中合理的提问。(1)教师的提问要高效、合理。(2)为幼儿提供良好的语言环境,形成有效的师幼互动,激发幼儿思维和表达欲望。(3)教师提问用语要准确、简练。(4)提问中注重幼儿个体差异性和情绪反映。

2. 科学领域活动。幼儿阶段的孩子最关注与自然界有关的科学问题。(1)提问要注重幼儿的参与度。(2)教师要鼓励幼儿提问,积极回应幼儿的提问。(3)户外探索活动应加强合理引导性提问。(4)加强家园合作,共同培养幼儿的提问意识。

3. 数学活动。数学活动中的提问是教师和幼儿之间以数学语言符号为媒介的交往行为,是在教学中通过教师和幼儿对话达成对数学知识的理解和意义接受,帮助幼儿形成数学思维、发展数学能力。(1)优化教师数学相关知识结构。(2)选择合适的提问时机。(3)对幼儿的回答进行积极回应。(4)提问语言表述要规范、科学。(5)提问难易程度适中。(6)提问问题的逻辑顺序要体现纵向深入。

4. 社会领域活动。社会领域教育具有潜移默化的特点。(1)创设使幼儿感受到被接纳、关爱的环境,注重问题情境的创设。(2)提问能激发幼儿产生社会性认知冲突,调动幼儿已有的认知经验。(3)提问要有层次性。(4)提问要有导向型。(5)提问要有议论性和评价性,避免单一呆板的说教。

5. 美术活动。在美术活动中,幼儿在教师中受到启发与激励,才能创造出丰富的艺术形象。(1)要符合幼儿年龄特点,教师提问要能激活幼儿经验。(2)提问要关注不同幼儿个体的内心世界。(3)提问要把握幼儿活动契机,捕捉幼儿作品中随时出现的创造艺术美的火花。(4)提问要能拓展幼儿的想象空间。(5)提问要能以一定的逻辑顺序展开,推进幼儿的思维进度。

6. 音乐活动。音乐作为抽象的艺术,以声音作为传播媒介,需要在教师指导下完成。音乐活动中的提问要达到以下目标。(1)尊重幼儿的话语权,允许幼儿问,鼓励幼儿问。(2)重视音乐要素的表现作用,使幼儿在音乐的表现要素和形象之间建立起联系。(3)提问目标明确,有的放矢。(4)提问要尊重个体差异,因势利导。

7. 健康活动。幼儿园把保护幼儿生命和促进幼儿健康放在首位,树立正确的健康观念,重视幼儿的身体健康和心理健康。(1)提问要因势利导,既要满足幼儿受照顾的需要,也要尊重和满足幼儿成长的独立需要。(2)提问要能激发幼儿参加活动的兴趣。

二、教师对幼儿对问题的回答要积极回应

1. 不直接给出答案,引导幼儿自己思考并寻求答案。

2. 幼儿提出问题后,讲授与幼儿提问相关的科学知识,将科学渗透到生活中,使幼儿生动地理解科学知识。

3. 鼓励幼儿提问,回答问题态度亲和。

【幼儿园教师自我管理基准线】

提问作为一项教学技能,需要不断改进成为一门教学艺术。幼儿园教师要从以下几方面加强自我管理。

一、树立对提问的正确认识

教师要熟悉幼儿园教育改革的各项文件,在文件指导下树立对提问的正确认识,以幼儿为本,突出幼儿的主体地位,摒弃了为了提问而提问的错误观念。

二、自觉提高提问能力

新手教师要主动向优秀教师学习,教师之间要相互观摩,在教研活动中要提高自己。同时,教师要自觉进行教学反思,通过反思发现教学中提问存在的不足,并及时对不足之处进行整改,为下一次教学积累经验。

三、有意识地改变提问习惯

幼儿园教师在入职前受传统教育思想的影响,在教学中习惯性地掌握着话语权,教师要有意识地改变提问习惯,鼓励幼儿发问,开启师幼间的平等对话,教师真正做幼儿成长中的帮助者、引导者。

四、有针对性的备课

在备课中针对不同教学形式、不同领域活动特点进行提问设计,提高教学效果。

五、提高自身教学素养

教师的教学素养主要是指在实际课堂实践中,教师所具有的自身教学能力。教学提问缺乏计划性,封闭式问题、低认知问题过多,教师时间分配不均,仅提问"能力强"的幼儿和离教师最近的幼儿,给予幼儿较少的候答时间,回答给予简单的反馈等都是教师缺乏教学素养的表现。教师要有意识地提高自身的教学素养。

六、教师加强理论学习,树立正确的儿童观、教师观和教学观

点评:石家庄幼儿师范高等专科学校　史爱芬

第三节　集体教学活动中教师预设与生成活动的自我管理

【案例呈现】

案例一　　　　**预设活动——漂亮的房子(中班美术活动)**

活动背景:

我们班在进行"我爱我家"的主题活动,让幼儿从这个最熟悉亲切的环境中,感受亲情,学会爱亲人、爱朋友、爱身边的人。幼儿的视野从自我为中心,逐步扩展到身边的人,周围的环境,生活的社区。本次活动就是其中的一部分,让幼儿通过观察房子不同形态,绘画出自己美丽的家。

活动目标:

1. 用不同颜色的线条、形状组合,装饰房屋外观。

2. 按自己的意愿为房屋添画景物,创意作画。

3. 愿意向同伴介绍自己的作品。

活动准备:

三只小猪的房屋图片、油画棒、水彩笔、小猪手偶等,活动室里布置各种现代楼房的图片。

活动过程:

一、导入活动:讲述三只小猪盖房子的故事,引起幼儿兴趣

师:(手拿小猪手偶)小朋友们,你们知道我和我的两个哥哥盖房子的故事吗?

幼:知道。

师:今天,请小朋友们来参观我们的新房子。

二、观察图片,发现每座房屋用不同的线条、形状装饰

1. 出示三张小猪的房子的图片,请幼儿观察。

师:小朋友们,你们看一看,三座房子一样不一样?哪些部分不一样?

幼:不一样。房顶、窗户、门都不一样。

2. 按房屋细节观察图片,发现不同,创造出新的画法。

师:我们从上往下观察,房顶哪不一样?

幼:一个房顶画的是横线,一个是竖线,一个是斜线。

师:对。房顶上的装饰线条不一样。都是直直的线,方向不一样了。谁有不一样的想法,让屋顶上的线改变样子?

幼1:可以画成弯的,像彩虹一样的。

幼2:还能画成波浪线。

折线、齿轮线、弧线……

师：真不错！屋顶可以改变不同的样子,窗户和门也可以怎样改造改造? 你还见到什么样的门窗?

幼1：可以画成圆形。

幼2：也可以画成三角形的。

幼3：还可以画成一长串的。

……

教师可以视幼儿的实际情况,引导观察室内布置的楼房图片,开拓幼儿的思路。

师：小朋友们的想法太丰富啦！这么多的方案,我们就来试一试,画一个与众不同的房子,看看谁的房子最漂亮!

三、幼儿开始创意绘画房屋

幼儿自由进行绘画创作。

师：房子的旁边还可以画一些楼房、树木、汽车、小朋友,画面就更丰富更完整了。

四、幼儿作品展示介绍

教师反思

在活动的过程中,教师通过引导幼儿观察房子,先让幼儿了解房屋的结构,并请幼儿说说自己画房子的方案,大家互相开拓思路。这样既给了孩子支持,又不局限孩子的思维。孩子们用各种的线条装饰绘画房屋,思路活跃：有画的水波纹的平顶的房子,有画的像小伞的尖顶房,有圆头圆脑的蘑菇房,有四四方方的大高楼,各式各样的外形跃然纸上。

活动接近结束,有的幼儿在描绘外墙颜色,有的幼儿在添画汽车,乐乐两手拿着画纸的上端,晃悠晃悠地像在荡秋千。乐乐走过来对我说："老师,真正的房子都是高高的,积木搭建的房子也是站着的,画出来的只能躺着。"旁边的豆豆听见了,也凑过来："我也想让房子立起来,像真的一样。""我也想。""我也想!"一桌的孩子七嘴八舌地表示。

多好的想法,一个念头在我脑海中萌生了：不如就让孩子们发挥想象,进行探究,看看怎样才能让房子站起来。我在班里说："孩子们,户外活动时间快到了,一会儿出去看看外面的高楼跟画上的有什么不一样,明天我们就试试,让我们漂亮的房子站起来。"

生成活动——纸房子站起来(中班科学活动)

活动目标：

1. 在与材料的互动中,获得有关物体支撑的经验。

2. 通过探索让纸房子站起来,增强动手能力,体验成功的乐趣。

活动准备：

绘画好的纸房子、剪刀、双面胶、社区草地图、立体的小花小草、积木,瓶子、纸盒、纸卷芯等各种废旧材料。

活动过程：

一、创设情境,激发幼儿参与探索的兴趣

师：昨天小朋友们画了好多漂亮的房子,这些房子都想站立起来,建成一个社区,我们能不能想想办法?

1. 幼儿自由讨论。

2. 引导幼儿摸摸纸的边缘,得出结论：纸太薄太软了,就不能站立起来。

二、让房子站起来

1. 第一次探索：借助材料让纸房子站起来。

师:我们能不能在活动室里找找材料,让房子站立起来?

(1)幼儿自主选择材料,探索让纸房子站起来的方法。孩子们不时兴奋地叫老师过来看他的成果。

(2)幼儿分享探索的成果,介绍自己的做法。

明明找了两块积木一夹,纸房子稳稳地站住了。

刚刚找了个瓶子,把房子靠在瓶身上,斜斜地站住房子。

小宝找了个纸盒,把房子插进盒盖的缝隙里,摇摇晃晃地站住了。

瑞瑞则把纸房子放到了墙边,靠着墙站住了。

2. 第二次探索:不用材料让房子站起来。

师:刚才大家想的办法都很巧妙,小房都站立起来了。这次能不能不借助材料,也能让纸房子站起来。

孩子们有点为难,拿着纸翻来覆去地想。乐乐无意中把纸卷成筒,房子站住了。

丫丫把纸折了一道痕,房子也站住了。

其他孩子看到,也纷纷模仿或者想其他办法:有的把纸折一下,有的折成三角形,有的把房子的最下面多折几次……

3. 第三次探索:提供各类辅助材料,组建社区。

师:我们把盖好的房子放在一起,组建一个社区吧。这次可以使用双面胶,还有很多种材料,大家同心协力,让房子站得更平稳些。

婷婷把房子粘在纸盒上,最先"搬进"社区。

墨墨把月饼盒作了人字支架,粘上了房子。

航航把废旧的框架当作了支撑架。

一座座小房子搬进了新社区安家落户了,孩子们把小花小草点缀在周边,有的还用小纸板做成了围墙,一个新社区建成了。

三、幼儿参观新建好的社区,讲解自己的成果

教师反思

预设的活动是一个美术活动,孩子们在画房子过程中,能够创意地运用线条、形状来表现各种各样的楼房。可是,孩子们并不满足于画房子,他们有很多新奇的想法,孩子们的一个"想让房子站起来"的提议,又把这个活动推上了一个新的创意高度。这时,我敏锐地抓住孩子们想法中的闪光点,引导他们尝试让纸房子站立起来。这样的活动充分调动了幼儿的兴趣,契合了幼儿的创作欲望。

我在设计活动时,遵循层层递进、步步深入的原则。第一步是引导幼儿借助自选材料,让房子站起来。孩子们都积极探索,认真尝试。第二步加大了难度,让孩子们不借助任何材料,想办法让房子站起来。相比第一步,这样的探索更具挑战性。第三步借助更多的材料,包括让房子更加牢固,大家合作建立社区。这里有很多老师提供的材料,给了孩子更多的支持,帮助他们扩宽思路。整个活动,孩子们一直保持着探究的欲望和兴趣,热情高涨,不断开动脑筋,不断尝试,互相学习,并勇于创新——自己用废纸板,做"人"字支架来当支撑。在后来的一连几天,这个话题都在持续。幼儿在户外活动时,捡拾小树枝,欣喜地发现用它也可以当支撑让房子站起来。

一个小纸房子,一个要求,能引领孩子们充分地去探索材料,发挥聪明才智,他们的想象力、创造力会带给我们越来越多的惊喜。

河北省直机关第二幼儿园 张晓娜

案例二　　　　**预设活动——落叶跳舞(大班语言活动)**

活动背景:

秋冬时节,风吹叶落,满地落叶堆积,是一种常见的自然现象,更是一番美丽的景色。孩子们喜欢捡起落叶观察,更喜欢拿着落叶做游戏,有一次我们班孩子捡起落叶当手绢玩起了"丢手绢"的游戏,可见孩子们对落叶充满了兴趣,因此我设计了这节语言活动"落叶跳舞",让幼儿感受诗歌的美好,培养幼儿的语言表达能力,使幼儿感受落叶的美,激发幼儿热爱大自然的情感。

活动目标:

1. 感受和体会诗歌中"落叶跳舞"的优美意境。

2. 欣赏诗歌,感知诗歌的语言和结构等艺术特点。

3. 拥有热爱大自然的情感。

活动准备:

1. 物质准备:各种形状的树叶若干,音乐,课件"落叶跳舞"。

2. 经验准备:幼儿已接触过诗歌题材。

活动过程:

一、导入活动

1. 谈话。

师:现在是什么季节?二十四节气之一的立冬刚刚过去,这也意味着冬季来临了。冬天到了,树叶有什么变化呢?

幼:树叶开始慢慢变黄,风一吹就落下来了。

师:树叶随风而落是什么样的景象呢?我们一起来跟着音乐动起来感受一下。当音乐响起时请小朋友们起立走到桌旁。

2. 律动。

师幼一起跟随音乐《落叶》进行律动,边律动边捡起地上散落的落叶放到桌上的小筐里。

师:地上还有落叶吗?

幼:还有。

师:那我们一起悄悄地把落叶送回家吧!

师幼一起把地上剩下的落叶全部捡起来放到筐里。

二、欣赏诗歌《落叶跳舞》

师:风儿一吹落叶飘下来的时候像在做什么?

幼:像在跳舞。

师:那我们听听落叶是怎么跳舞的,音乐响起的时候请小朋友们悄悄回到自己座位上。

播放轻音乐,教师吟诵诗歌《落叶跳舞》后附诗歌内容。

师:刚刚我们在诗歌里听到了什么?

幼:落叶在跳舞。

师:那我们来一起看看落叶是怎么跳舞的。

三、欣赏绘本《落叶跳舞》

1. 观察课件图一。

师:沙沙沙,起风了。要起风了,落叶心情是怎样的?

幼:高兴。

师:你们怎么知道落叶是高兴的?

幼:他们的表情都是微笑的,有的还笑得露出了洁白的牙齿。

2. 观察课件图二。

师:轻轻地,风停了。叶子又落到了地上,这次落到地上的叶子都有什么形状的?

幼:椭圆形的,还有像柳叶一样的。

3. 观察课件图三。

师:我们是奇妙的落叶呀!为什么说落叶是奇妙的?

幼:落叶变成了小精灵。

师:这些精灵像什么?

幼:有的像小宝宝,有的像老爷爷。

师:叶子精灵的姿态一样吗?

幼:不一样。

师:他们都是什么样的姿态呢?我们一起来模仿一下他们的形态。

师幼一起模仿。

师:你们模仿得真像!

4. 观察图四。

师:静悄悄的冬日树林,我们欢快地起舞。怎么知道这是冬日的树林呢?

幼:树上没有树叶了。

师:这些落叶精灵长得一样吗?

幼:不一样。

师:都长什么样呢?

幼:第一个脸长长的,肚子圆圆的;第二个脸扁扁的;第三个脸圆圆的,矮矮的;第四个高高的。

师:你们观察得真仔细。

5. 逐页欣赏后面的绘本画面内容,感受诗歌的美。

6. 共读诗歌《落叶跳舞》。

师:这是一首关于落叶的诗歌,你们听了有什么感觉呢?

幼:很美。

师:那我们一起再来欣赏一遍吧!

师幼共读诗歌《落叶跳舞》。

四、落叶跳舞

师:刚才我们欣赏了《落叶跳舞》,下面让我们听着优美的诗歌,也让我们的落叶跳起舞来吧。

幼儿搬小椅子坐到桌旁,听着诗歌,选择自己喜欢的落叶,挥舞落叶,让自己手中的落叶跳起舞来。

教师反思

《3—6岁儿童学习与发展指南》中指出:"幼儿的语言学习需要相应的社会经验支持,应通过多种活动扩展幼儿的生活经验,丰富语言的内容,增强理解和表达能力。"活动开始利用谈话让幼儿发现季节特点,通过律动的形式导入,同时融入幼儿生活中最喜欢的捡落叶动作,使幼儿积极参与到活动中,有效吸引了幼儿的活动兴趣。律动过后幼儿情绪高涨,在欣赏诗歌的同时,幼儿能慢慢安静下来,回到自己座位上为后续活动做好准备。这个环节很好地稳定了幼儿情绪,同时也引出了活动的主题。活动借助绘本《落叶跳舞》,使孩子们既直观形象地看到了落叶跳舞的优美姿态和多变的造型,同时又欣赏了优美的诗歌。为了不影响幼儿感受诗歌的意境,我只带领幼儿详细解读了前面四幅图的画面内容,在后面的画面中,我只朗读诗歌,不作详细解读,幼儿自由观察欣赏。孩子们被丰富的画面内容和优美的诗歌深深吸引,认真地体会诗歌的意境美,感受到了诗歌的美好。整个活动中幼儿大胆表述自己的想法,积极地回应老师,师幼互动良好,活动目标达成率良好。这节活动是第一次将各式各样的树叶收集到活动室中,孩子们对这么多种类的叶子感到非常的新奇,拿在手里看看这个看看那个,还会拿着不同形状的树叶进行拼摆。看到他们对树叶拼摆非常感兴趣,我产生了新的灵感,决定下次活动带孩子们进行树叶粘贴画,让孩子们感受到树叶的奇妙。

附：

《落叶跳舞》

沙沙沙,起风了。

轻轻地,风停了。

我们是奇妙的落叶呀!

静悄悄的冬日树林,我们欢快地起舞。

悠悠地飞起来,自在地滑下去。

转啊转,转圈圈。

慢慢地停下来。

冷冷寒风中,我们热烈地跳舞。

忽——地飘向远方,突然静止。

层层叠叠聚起来,哗——地散开去。

乘着强劲的风,冲上天空。

咯咯咯,笑着转起来。

笑嘻嘻,摇摇摆摆。

我们是奇妙的落叶呦。

生成活动——奇妙的落叶(大班美术活动)

活动背景:

通过上次"落叶跳舞"的活动,我发现了孩子们对拼摆树叶很感兴趣,因此我设计了这节树叶粘贴画活动,借助活动让幼儿体验到落叶不仅很美,还能做成漂亮的装饰画,从而培养幼儿的动手操作能力和创造力,使幼儿善于发现生活中的美,激发幼儿热爱大自然的情感。

活动目标:

1. 通过观察图画内容,了解树叶的形态。

2. 发挥想象力,进行创作,体验树叶装饰的乐趣。

3. 拥有热爱大自然的情感。

活动准备:

1. 物质准备:课件,音乐,不同形状、不同颜色的树叶若干,纸张若干,剪刀若干,水彩笔,双面胶。

2. 经验准备:幼儿已有剪切粘贴的经验。

活动过程:

一、导入活动

播放轻音乐,教师朗诵诗歌《落叶跳舞》。

师:上次活动我们一起欣赏了诗歌《落叶跳舞》,落叶不但会跳舞,还能制作成美丽的装饰画,我们一起来欣赏一下。

二、欣赏树叶粘贴画

通过图片对比,观察落叶的形状,感受落叶不同组合的形态。

1. 观察图一,树叶粘贴画《两个小女孩儿》。

师:落叶变成了谁?

幼 1:小女孩儿。

幼 2:好漂亮啊,她们的裙子也好漂亮。

师:小女孩儿漂亮的裙子是由什么形状的落叶变成的呢?

幼:扇形。

2. 观察图二，树叶粘贴画《老鼠》。

师：这次落叶变成了什么？

幼1：老鼠。

幼2：老鼠的尾巴是树枝做的。

师：做老鼠尾巴的这个部分不是树枝，（拿起一片叶子向大家介绍）这个是叶子的叶柄，平时我们观察树叶时，可以拿着这个部分。叶子上面还有很多小纹路，就像我们手上的脉络一样，这些小纹路叫叶脉。

3. 观察图三，树叶粘贴画《小朋友》。

师：这些小朋友的哪个部位是落叶变成的？

幼：头。

师：身体是落叶变成的吗？

幼：不是，是用水彩笔画成的。

4. 逐一欣赏后面的图画。

师：落叶可以变成这么多漂亮的装饰画，真是太奇妙了，接下来我们看看，落叶还能变成什么。

展示树叶粘贴画：《牛》《松鼠》《小鸟》《青蛙》《大象》《狮子》《海底世界》《狐狸》《蝴蝶》《孔雀》《兔子》《猫头鹰》《蚂蚁》《猫》《刺猬》《小朋友》。

师：小朋友们，我们看了这么多漂亮的装饰画，到底落叶是怎么变成这些装饰画的呢？

幼：是粘成的。

师：各种各样的树叶随着拼摆的位置不同，再加以装饰就变成了漂亮的装饰画，你想把落叶变成什么呢？

幼1：我想把落叶变成小兔子。

幼2：我想把落叶变成松鼠。

幼3：我想把落叶变成大象。

三、制作树叶粘贴画

1. 幼儿制作树叶粘贴画。

师：我们这里有这么多的落叶，小朋友们可以尝试选择各种各样的落叶制作出你想要的装饰画，现在我们就行动起来吧，当音乐响起，小朋友们悄悄搬着小椅子到自己的座位上开始制作树叶粘贴画。

幼儿选择合适的落叶，先拼摆出自己想要的图案，必要时可借助剪刀进行裁剪，再使用双面胶进行粘贴，用水彩笔作为辅助补充画面内容。

2. 展示作品。

将幼儿完成的树叶粘贴画作品进行展示，供大家观赏。

教师反思

幼儿喜欢在玩中学，而兴趣点是他们主动学习的起点。在第一次进行的语言活动"落叶跳舞"中，我发现孩子们特别喜欢拼摆树叶，在抓住孩子这个兴趣点后，我及时地根据孩子们的活动兴趣和发展需求生成了这节有关树叶粘贴画的美术活动。该活动贴近孩子们的实际生活，以幼儿的兴趣为出发点，所以活动开始就极大地吸引了孩子们的注意力。这是我班幼儿第一次进行树叶粘贴画的活动，通过欣赏各式各样的树叶粘贴画，丰富了孩子们的认知经验。为了不限制幼儿的思路并没有详细讲解每幅画，只是重点解读了比较有特点的三幅画，第一幅画引导幼儿观察叶子形状，第二幅画了解叶子组成部分，第三幅画借助水彩笔自由添画，层层递进，使得幼儿能在欣赏中萌生参与活动的欲望，引发自主创作的灵感。

《3—6岁儿童学习与发展指南》中指出："要珍视游戏和生活的独特价值，创设丰富的教育环境，最大限度地支持和满足幼儿通过直接感知、实际操作和亲身体验获取经验的需要。"在活动中我们为幼儿提供了大量的多种多样的树叶,让幼儿根据自己的兴趣和需求任意选择,为他们创设了轻松、自由的创作氛围。孩子们在创作活动中愉快地、独立地获得学习经验,锻炼了动手操作能力和想象力。通过本节活动,幼儿亲身感受到了落叶的奇妙,体会到了大自然的美好,从实践中获得了积极的情感体验。整个活动孩子们积极投入其中,有效地实现了活动目标。

本次活动仍存在一些不足,因幼儿发展存在个体差异,在活动结束时,个别幼儿没有完成自己的作品。这些幼儿情绪有些低落,我及时对他们进行了安抚,请这几名幼儿在下午区域活动时将自己的作品完成,并将作品进行了展示。

河北省直机关第二幼儿园　张　婷

案例三　　　　　**预设活动——小手和小脚(小班综合活动)**

活动背景:

小班开展的是"爱上幼儿园"的主题活动,现在进行到"运动季"的主题月,这个月主要围绕小手和小脚展开。手和脚是我们身体的重要部分,对孩子来说,他们的手和脚不仅具有吃饭、走路玩游戏的功能,还是他们学习探索世界,促进自身发展的重要的媒介。结合主题,我们设计了"小手和小脚"这一活动,想通过活动让幼儿认识手脚的外部特征,愿意用小手和小脚参与集体游戏。

活动目标:

1. 能认真倾听故事,理解故事内容。

2. 知道每个人都有十个手指头,十个脚趾头。

3. 喜欢自己的小手和小脚,体验用小手和小脚参与游戏的快乐。

活动准备:

绘本课件《十个手指头十个脚趾头》,手指游戏"小手爬""大拇哥睡了",音乐《小手爬》。

活动过程:

一、导入活动:手指游戏"小手爬"

师:小朋友们,请把你们的小手变出来,我们一起来听音乐做游戏。

爬呀爬呀爬呀爬,一爬爬到头顶上,爬呀爬呀爬呀爬,一爬爬到小脚上。

师:我们的小手真能干,今天我们就来听一个关于小手和小脚的故事。

二、绘本故事:《十个手指头和十个脚趾头》

1. 阅读封面。

师:封面上这个小朋友坐在秋千上,她的小手和小脚都露在外面,你们数一数她有几个手指头几个脚趾头啊?

图7　绘本封面

幼:1、2、3……10个,她有十个手指头,十个脚趾头。

2. 教师朗读绘本,幼儿倾听。

师:下面请你来听一听,十个手指头和十个脚趾头的故事。

教师有感情地讲述绘本故事到"两个小宝宝,一样都有……"

师:一起来数一数吧!

教师用手指着画面,幼儿齐声数。

教师继续讲述故事到"两个小宝宝,一样都有……"

幼:十个手指头,十个脚趾头。

3. 讨论。

师:你有几个手指头、几个脚趾头呢?

幼:也是十个手指头十个脚趾头。

师:哦?是这样吗?怎么可能!我可不信!你先悄悄地自己数数看,你有几个手指头几个脚趾头?

幼:好!(有的认真地点数着自己的手指,有的迅速脱掉了鞋子和袜子,弯着腰数起了脚趾。)

幼1:老师,我数了,我就是十个手指头十个脚趾头!

幼2:(用手遮挡着嘴巴小声说)我也是十个手指头十个脚趾头!

幼3:哈哈,这下你相信了吧,我们都是十个手指头十个脚趾头!

师:你觉得我有几个手指头几个脚趾头?

幼:十个,都是十个。

师:要一起数一数吗?

幼:好啊!一起数吧!1,2,3……

三、小手小脚做游戏

师:小朋友们快把你的小手变出来,它刚才数了好多数,快让它们休息一下吧!

师:(带领游戏)大拇哥睡了,二拇弟睡了,高个子睡了,小瘦子睡了,小不点儿睡了,咦?小脚趾抗议了,他们也想休息了,怎么办?

幼:那就让他们也休息休息吧!

师:那我们一起说吧,大拇哥睡了,二拇弟睡了,高个子睡了,小瘦子睡了,小不点儿睡了,你睡了,我睡了,大家都睡了。

师:咯咯咯,天亮了,大拇哥醒了,二拇弟醒了,高个子醒了,小瘦子醒了,小不点儿醒了,你醒了,我醒了,大家都醒了。

师:现在我们的小手和小脚都休息好了,又可以帮我们做事情啦!请小朋友们快去洗洗小手,喝一杯水吧!

教师反思

在活动过程中,教师通过阅读绘本和游戏,吸引了幼儿对自己手脚的兴趣和关注,让幼儿知道每个人都有十个手指头和十个脚趾头,喜欢自己的小手和小脚,体验用小手和小脚参与游戏的快乐。活动内容贴近幼儿生活,游戏简单有趣,幼儿参与度较高,这在一定程度上缓解了幼儿初入幼儿园的不适,增强了集体融入感,让幼儿更加爱上幼儿园。

在讨论环节幼儿数脚趾时,全体幼儿都能快速脱掉鞋子和袜子,而在穿袜子和鞋子的时候,一些孩子速度较慢。讨论环节快要结束的时候,小泽说:"小宇,你怎么还没穿上袜子啊?你是不是都让爸爸妈妈帮你穿的啊?"小宇没说话,涵涵说:"小朋友长大了,应该自己穿袜子了,我的袜子和鞋都是自己穿的。"小泽说:"我的也是,我是第一个穿好的!""我也是第一个穿好的!""我才是!"孩子们开始争论。

我想,会穿鞋袜是孩子自理能力很重要的一方面,孩子们一直争论"谁是第一",不如来一场穿袜子的比赛,鼓励幼儿自己的事情自己做。我和孩子们建议"孩子们,不如明天我们来一场穿袜子比赛吧,看看谁的袜子穿得好!"

生成活动——穿袜子比赛(小班健康活动)

活动目标:

1. 了解袜子的构成特征,能根据一只袜子的色彩、图案、大小找到相应的另一只袜子。

2. 学习穿袜子的方法,提高自理能力,体验成功的喜悦。

活动准备：

泡沫坐垫若干、每人一双袜子、神秘口袋。

活动过程

一、游戏导入：神秘口袋里的袜子

师：现在我的神秘口袋里有很多宝贝，每个小朋友都可以来拿一件玩！

幼：好！（幼儿排队每人拿一只袜子，回座位自由观察。）

师：你手里拿的是什么宝贝？

幼：袜子。

师：你手里的袜子是什么样子的？

幼：红色的，有小白兔的，有蝴蝶结的……

师：袜子的颜色、图案、大小也许不太一样，但是它们都有三个部分组成，分别是袜口、袜跟、袜头。（教师拿着袜子引导幼儿认识袜子的结构。）

二、配对游戏：找袜子

师：小朋友们，你们脚上穿的袜子有几只？一样吗？

幼：两只，两只是一样的。

师：两只袜子它们的颜色、图案、大小都是一样的，下面请你仔细看看你手里的袜子，是什么颜色？有什么图案？

师：（教师把事先准备好的另一只袜子拿出来均匀分开放在地上）你能找到另一只吗？

幼：能，没问题！

师：孩子们可以开始找啦！

三、穿袜子比赛

1. 穿袜子的方法。

师：现在每个人手上都有一双袜子，请你试试自己把袜子穿上吧！

师：有的小朋友穿袜子的速度很快，你是怎么穿的呢？

幼1：就是两个手抓住袜子口，把脚丫对准了穿进去就行了。

幼2：我把袜子先放好左右脚，然后先穿左脚再穿右脚，脚伸进去，使劲一拽就穿好了。

教师总结正确的穿袜子方法：袜跟朝下张开口，小脚慢慢往里伸，袜头抱住脚趾头，袜跟抱住脚后跟，轻轻一拉穿好了。

师：现在请小朋友们自己再练习一下，一会儿穿袜子的比赛就要开始啦！（注意个别指导平时自理能力差的孩子。）

2. 穿袜子比赛。

师：我们穿袜子比赛就要开始了，咱们看谁穿得又快又好！

在老师的口令中，孩子们开始了穿袜子比赛。

四、教师总结

表扬穿得又快又好的幼儿，鼓励穿袜子有进步的幼儿，肯定他们所付出的努力；指出并协助改正部分幼儿穿袜子中所出现的问题，引导所有幼儿学会穿袜子，并且告诉幼儿，过几天再比一次。

教师反思

预设的活动是一个关于小手和小脚的综合活动，幼儿能够愉快地用小手和小脚参与游戏，但是活动中发现，一些幼儿穿袜子的速度很慢，甚至不会穿袜子，孩子们在争论"我会穿，我是第一"的时候，让我想到，我们可以用一个"穿袜子比赛"来"解决"孩子的争论，同时增强幼儿的自理能力。

这次活动的重点不是比赛的结果，而是让幼儿学会穿袜子，所以，活动以吸引孩子兴趣的神秘口袋展开,之后教师一步一步地引导幼儿掌握了穿袜子的方法。第一步,观察手里的一只袜子,复习袜子的结构(三部分:袜口、袜跟、袜头),描述袜子的色彩、图案、大小;第二步,引导幼儿知道一双袜子的两只是一模一样的,幼儿根据颜色等特征自由寻找、配对;第三步,请幼儿先尝试、再讨论,引导幼儿掌握穿袜子的方法;第四步,给幼儿练习的时间,约定过几天再来比一次,这样是为了激发幼儿的自我服务意识,养成良好的生活习惯。

如果不是因为数脚趾让幼儿脱掉了袜子,在幼儿园里很难发现孩子不会穿袜子的问题,透过这个问题,我们也发现,现在一些小班幼儿之所以自理能力差,主要原因是在家缺乏锻炼,父母、老人一味地包办代替。在开展活动之余,我们也更新了家园联系栏——"让幼儿学会自理的一些方法",宣传幼儿自理的意义及方法,希望借助家园合力切实增强幼儿的自理能力。

河北省直机关第二幼儿园　殷　彤

【案例评析】

作为瑞吉欧教育理念的一大缩影,幼儿园的"生成课程"在新课程教学改革中应运而生,并逐渐取代传统的以书本为基础的"预设式"课程模式。"预设课程"指的是:为实现幼儿园教养目标而设定的一系列有计划、有目的的教育活动,这些课程通常是教师预先设定好的,包含固定的课程目标、课程内容等,不以儿童的意志为转移。与预设课程不同的是,幼儿在教师精心设计的"预设"方案引导下,与环境、材料相互作用时,往往会产生许多意料之外的"即时反应"。"生成课程"则要求教师能够根据这些"即时反应"更改、调整课程内容,进而随机创设出新的教学活动。幼儿园教学活动的有效开展离不开教师对预设与生成课程的取舍。幼儿教师应合理安排预设课程,并在活动中把握时机,对幼儿感兴趣的事物积极引导、随机生成。这对只关注教学计划和教学任务完成度的传统教学提出了新的挑战。

案例一中,教师能够尊重孩子的主体性,在美术活动自由创作的过程中获取幼儿最真实的思维状态,并对从孩子的想法中获得到的反馈加以思考,创设成和"立体支撑"有关的科学活动。《3—6岁儿童发展指南》(以下简称《指南》)中明确指出,在中班科学活动的开展过程中,教师可以支持和鼓励幼儿在探究的过程中积极动手动脑寻找答案或解决问题,以提升幼儿的探究能力。为了让房子"站起来",教师采取了循序渐进的教学原则,从引导幼儿借助教室内的材料,到不借助任何材料完成房子的"站立",由易到难,步步深入。案例一的预设活动中存在的主要问题是教师在幼儿创意绘画房屋的过程中没有引导幼儿积极思考画面可以补充的内容,而是直接"灌输"给了幼儿可能的答案,这不利于幼儿想象力和创造力的发展。在我国的教育背景下,一些教师不得不采取"填鸭式"教学以应对教育功利性带来的压力。在"教师主导"的课堂中,教师说一不二,学生言听计从。这不仅违背了"以人为本"的学生观,长此以往,更会降低学生的学习兴趣。在幼儿园教育活动中,幼儿教师不仅仅是知识的传授者,更是鼓励、支持孩子"大胆说""大胆做"的引导者。

案例二中,教师通过对幼儿的观察,发现幼儿对秋天的落叶产生了兴趣,进而设计了关于树叶的语言和艺术活动,以幼儿的兴趣点出发,把握良好的教育契机。但起初教师观察到的是幼儿会选择落叶做"丢手绢"的游戏(是因为落叶的形状像"手绢"),而并没有对树叶如何从树上飘落产生直接的兴趣。该教师过于苛求语言活动的生成,在活动中,也仅仅是帮幼儿一起分析了一遍诗歌内容,并没有达成课程目标的要求(掌握诗歌的语言特点和结构)。整个活动中幼儿并没有表现出太大的兴趣,说明教师忽略了幼儿在户外活动中真正感兴趣的内容——树叶的形态。在幼儿园教育活动中,"落叶"是秋季最常见的主题活动元素,树叶拼贴画也常常是艺术领域中锻炼孩子想象力、创造力和动手能力的首选活动。该案例中,教师可以把美术活动作为预设,在活动结束时,教师可以和孩子一起用剩余的树叶和制作的树叶画进行环境创设,比如布置"主题墙"等。在布置的过程中,教师可以引导幼儿感受落叶飘飞的动态美,进而把语言活动作为生成的内容。

案例三中,教师在"小手小脚"的预设活动中发现了"部分幼儿不会穿袜子""会穿的幼儿争论穿袜子'谁快谁慢'"等情况,进而生成了一场以"穿袜子比赛"为主题的健康活动,满足了幼儿的内在需求,提升了幼儿的生活自理能力,顺应了《指南》中对于小班幼儿健康领域的目标要求。同时,该教师重视家园合作,能够在教育活动中发现问题,并通过与家长的合作解决问题,共同推动孩子的成长。处于小班的孩子规则意识较弱且注意广度较小,在举办比赛类活动时,幼儿教师应在活动开始之前说明比赛规则并在活动中维持良好的活动秩序,避免危险发生。

美国教育家杜威曾说:"教育必须从心理学上探索儿童的能量、兴趣和习惯开始。"由于幼儿的好奇心较强,他们的"即时反应"普遍存在于幼儿园教育教学实践的各个领域,幼儿教师如何看待教学预设、如何利用有限的教育资源生成新的教学活动,将直接影响到师幼关系、师幼互动的质量以及教学的有效性。对于幼儿园中的生成活动,教师在为预设精心留白的同时还应根据幼儿的临场兴趣与需求充分发挥教师教学机制,进而随机生成新的教学活动。目前,我国幼儿园教学实践活动预设与生成存在的问题主要有以下几个方面:

第一,教师容易忽视幼儿在活动中的"真实反应",高度控制教学走向,形成"伪生成教学"。

在教师与幼儿的教育谈话中,对话往往具备很明显的预设性,这种对话讨论的不是幼儿兴趣所指向的话题,而是教师个人或教案预先设定好的主观意念。虽然在教学活动中也会有一定的小组讨论与实操,但教师只是以预设的标准答案为基准漠视幼儿的发言或对其进行绝对的批判,长此以往,幼儿会对教师产生惧怕心理,从而很难再去表达自己内心的真实想法。

第二,迷失教学的基本目标,难于把握新的教学契机,盲目进行"无效生成"。

活动中,为了迎合"生成"的教学理念,有些教师容易盲目追随幼儿的"奇思妙想",抛出幼儿提出的问题让大家讨论。但由于教师自身对"生成课程"的素养水平不高且教学信心不足,他们往往无法在讨论结束后为幼儿提供有效的教学反馈。在活动结束后,教师也对教学活动的主要目标和任务一头雾水。这不仅降低了教师的权威性和教学的有效性,同时也浪费了孩子的时间,浇灭了孩子们在课堂上的讨论热情。

第三,忽略了幼儿真正的兴趣点,过度苛求生成。

幼儿园教育教学活动中,教师不能为了生成而生成,进而过度发散,摒弃了教学计划中有价值的环节。由于学前儿童身心发展的特殊性,当他们接触到不同的话题时,总会有很多"童言无忌"的行为出现,并抛给教师很多问题。但"生成课程"并不是被幼儿牵着鼻子走的课程,不是幼儿提出的所有问题都值得教师去关注、讨论。把握教师的权威性和主导性,选择真正有教学价值、真正使幼儿感兴趣的内容,才能在无意中创设生成的精彩。

【目标设定】

为了彰显新课程教学理念下幼儿园教学有效预设与生成的价值,幼儿园教师在教学活动中的预设与生成,要达到以下几个目标。

一、生成课程的目标

1. 在设定课程目标时,预设与生成相辅相成、缺一不可。"儿童是发展中的人",作为教师关注的主体,幼儿身心发展的特殊性导致了实际过程中的教学具有"不确定性""偶发性"和"生成性"等特点。这同时也决定着教师提前设定好的教学目标不是一成不变的,应是开放而可生成的。"没有预设就没有生成",教师应在把控好预设目标的同时,及时抓住教育契机,在教学过程中合理生成目标。

2. 课程目标的制定不仅要以幼儿的兴趣和需要为基准,还要顺应社会的需要,体现教育的社会价值。从幼儿早期接受的家庭教育,到之后慢慢接触到的学校教育和社会教育,他们的成长是一个由独立的个体,到与家人亲密关系的建立,再到与形形色色的陌生人不断社交、建立友谊,逐渐社会化的过程。教师要在把握幼儿兴趣点和自我价值的同时考虑到幼儿的长远发展,将儿童本位和社会本位相统一,优化建构课程目标。

二、生成课程的内容

1. 生成课程的内容要将教师与幼儿的兴趣整合起来。"兴趣是最好的老师"，在课程实施的过程中，教师和儿童都会按照自己的兴趣去构建属于自己的知识体系。儿童的兴趣是生成课程的基准线和内在动机，而教师的兴趣则是创办良好预设与生成教学活动的催化剂。

2. 多方位预设，尽心关注到每个幼儿的"最近发展区"。在撰写教案时，根据教学经验的丰富程度，对幼儿因个体差异而产生的"随机性行为"无法较好把控的新教师应做到备详案，提前设想好幼儿对开放式问题的可能答案，并给出相应的解决措施。对于课堂中非预期事件的发生（比如幼儿给出了教师从未想到的答案），教师可以在判断问题的价值后进行随机引导，在适宜的时候开展小组讨论活动，聆听幼儿的心声，关注他们的兴趣点，努力创设条件并推动活动的深入开展。除此之外，教师也可以在必要时针对班内幼儿的能力现状进行分组教学。关注了解每一个幼儿，真正做到因材施教，使每个孩子都能在自身"最近发展区"中获得有效的发展。

三、生成课程的实施

1. 通过家园合作等方式，充分了解儿童。班级内的每一个孩子都是独特的，充分了解幼儿可以让教师在短时间内把握兴趣点并更好地生成教学活动。儿童成长的环境不仅仅在幼儿园中，也包括家庭和社区。幼儿教师可以定期举办家园合作活动，比如家长会、亲子活动等，与家长沟通，及时了解幼儿最新的动态和兴趣需要，丰富和完善课程内容。同时，教师也可以联系社区或相关单位部门开展不同类型的教学活动（如综合主题式活动、按领域分类的五大领域教学活动等），在呼应幼儿园教育内容的同时，加深幼儿对相应教学活动的理解。

2. 创设适宜的主题环境。生成课程是即时性、情境化的动态课程，幼儿与环境的互动对生成课程尤为重要。由于教育活动均具有一定的主题性，所以教师创设适宜的主题环境对幼儿在活动中的思考与探索起着至关重要的作用。主题环境的内容应随着课程内容的变化而变化。让幼儿对教室时刻保持新鲜感，让新的环境为生成课程不断注入新鲜活力。在进行环境创设时，幼儿教师还应鼓励幼儿亲自参与创设活动，用自己创作的作品装点属于他们自己的"小家"。这样做不仅可以提高幼儿的审美能力和创造力，还能让幼儿更快地融进环境中，提升他们的安全感和归属感。

3. 做到"心中有图"，充分留白，在正确的时机进行干预。这里的"图"指的是一种特殊的"树状网络"，它更像是一种留白的课程计划，常体现在预先设定好的教案中。教案中，除了应详细地考虑到"教学活动实施的过程中可能出现的问题及解决方案"，还要求教师能够对幼儿随机性的反应做到"心中有数"，进而才能在短时间内找出合理的应对方法并为今后的生成内容做好铺垫。"树状网络"的构建具备一定的随机性，它要求教师能够根据幼儿的即时反应随机应变地在心中不断调整和补充"网络"，进而分析幼儿的这些"即时反应"是否具备一定的价值，是否能够发展成生成活动。只有把课堂还给孩子，并把握好正确的时机和方式进行干预，才能在合理的预设中收获生成的精彩。

【幼儿园教师自我管理基准线】 ▽

影响教育活动生成的因素是多方面的，它需要幼儿园、教师和家长的共同努力。作为幼儿教师，为了提升生成活动的质量，需要从以下几个方面加强自我管理。

一、强化生成课程的意识

由于大部分幼儿教师早已把传统的预设课程根植于心中，在这种背景下去更新或改变他们已经定型的教育传统和习惯是比较困难的。这就要求教师要正确理解预设与生成的关系，意识到这两者并不是相互矛盾的，而是在传统的预设课程中把幼儿的主观意识考虑进来，进而"生成"出有价值的新的教学内容。由于"生成"的价值与否是以幼儿园的教养目标为指向、以幼儿的健康发展为目的，所以教师也应充分了解所在园所的总培养目标和课程计划，以便优化生成课程的实施。

二、提升自身的专业素养

由于生成活动的特殊性,在活动过程中,需要教师具备充分发挥教学机智、针对不同情况灵活应变、临场放弃预设方案并生成新教学的能力,这对教师的专业素养提出了更大的要求。在传统的学前教育中,每当人们提及"幼师",首先想到的便是"能歌善舞""多才多艺"这样的形容词。的确,我国在幼儿教师的培养方面很重视唱歌、弹琴、跳舞、手工等专业技能。然而,这些专业技能并不能使教师在主题活动的实施中收获良好的效果。由于对理论知识掌握得不够扎实,教师在实施预设与生成活动的过程中,往往缺乏充足的信心,遇到突发状况也不能很好地处理。一些幼儿教师虽然知道生成课程的理念,但却缺乏对生成课程概念的深入理解。这要求教师要努力提升个人的专业素养,在工作之余大量补充同领域的专业知识,如合理利用网络资源研读国内外预设与生成教学活动的最新研究成果,或观看一些优秀教师的教学视频、入园参观并与老教师交流学习等,督促自己不断进步与成长。

三、丰富实践经验

幼儿教师的实践经验也会影响生成活动的实施。对于刚刚步入工作岗位的新教师来说,由于缺乏工作经验,能够顺利地按照教案进行传统的预设活动就很不容易了。在这种情况下,较好地开展生成活动是他们的一大难题。与之相比,经验丰富的老教师往往可以开展较多的生成活动。如何寻找正确的时机、如何运用正确的方式"生成",需要大量的实践和积累。幼儿教师应不断丰富自己的教学经验,在空余时间多向前辈学习,不断完善并提升自身的教学水平。

四、强化课程评价意识

教师个人的教学反思直接关系着教师的进步与成长。对于课程内容的评价,不仅可以来自听课的专家或是参与课堂的幼儿,更可以来自教师自身的评价。这要求教师要不断强化课程评价意识,提升课程评价能力。由于生成活动具备"偶发性""即时性"等特点,对于此类课程的评价往往存在于活动之中,要求教师能够做到"在行动中反思",并在不断反思与自我评价中继续展开活动。与其他类课程的评价不同,生成课程的评价不仅仅局限于总结性评价,还需结合诊断性评价和形成性评价,即教师除了在活动结束后进行教学反思以外,还应在教学活动之前对幼儿知识、技能及情感状况进行预测并在活动进行中不断了解幼儿对新知识的接受情况,及时发现并解决问题等。只有在教学活动中带着"即时评价"的意识,才能抓住良好契机,在反思中不断进步与成长。

点评:石家庄幼儿师范高等专科学校　刘婧婷

第五部分

幼儿园教师在午睡环节中的自我管理

第一节　交接班环节中的教师自我管理

【案例呈现】

案例一

熙熙肚子疼

午饭后来到教室,孩子们都已经完成了散步、如厕、脱衣服等环节并陆陆续续上床。田老师向我交接上午班里的情况,上午熙熙说肚子疼。我转身看向熙熙小床的位置,熙熙也正在悄悄观察我们之间的对话。接着,田老师小声说:"上次熙熙的妈妈休息,他就一直说肚子疼,还表现出快要呕吐的样子。让他喝完热水并帮他揉了肚子后,熙熙还是说肚子疼。经过与家长电话联系,家长决定接走孩子。但据熙熙妈妈反应,回家后熙熙并没有肚子疼,还吃了很多东西缠着妈妈一起玩儿。"原来,熙熙的妈妈是一名医院的护士,平时工作比较忙,偶尔倒休一天孩子便想要和妈妈一起在家里单独相处。田老师交代,上午十点半熙熙说肚子疼,一名老师负责给熙熙喝热水、揉肚子进行简单的处理,另一名老师随后也联系了熙熙的妈妈。熙熙妈妈表示她当天确实是休息,孩子有可能像上次一样想回家而假装生病。所以,熙熙妈妈建议老师告诉孩子她临时有事不能来接他,让他在幼儿园多喝热水,然后观察孩子情况。

交接完工作以后,孩子们也都已经上床安静躺好了。此时的熙熙正在东张西望,察觉到我走近了便闭上了眼睛。二十分钟后所有幼儿已安静入睡,而熙熙依然在醒着,并用手不断拽自己的袖子。我走过去小声询问:"熙熙,你怎么了,为什么还没有睡着?"熙熙没有回答,但停止了小动作。我接着问:"如果你有什么事情可以跟老师说说,你要是不舒服了,也一定要告诉我。"熙熙看着我,笑了笑,摇摇头闭上了眼睛。五分钟后熙熙睡着了。

教师反思

1. 教师交接班时,主班教师要将幼儿人数、家长的嘱咐以及带班时发生的情况如实、全面地反映给接班教师,以完成后续工作,做好衔接。

2. 接班教师要根据主班教师交接的具体情况,认真观察幼儿情况,并适时做积极的应对措施。根据上午班教师提供的熙熙肚子疼的时间,及时观察熙熙的反应,做出相应的解决措施。

3. 教师在交接班时,谈论关于幼儿的话题应避开幼儿,以免给幼儿一种消极暗示。

河北省直机关第四幼儿园　赵少品

案例二

磕伤的下巴

一天中午,我来接班后,上午班老师告诉我:上午户外活动跑步时,楚楚小朋友和别人发生了碰撞，摔到地上磕伤了下巴，保育老师已经及时带孩子去医务室处理过了。之后上午班老师还告诉了我一些其他上午发生的小事情。午睡时，我看了看楚楚的下巴，没有大碍，心里想着晚上离园时一定要和楚楚的家长沟通一下，告诉家长这一情况，但是上午班老师和我都没有及时将这一情况记录在交接班记录表上面。一下午孩子们玩得很开心，我也多次查看了楚楚的下巴，没有大碍，不仔细看，从外表一点也看不出有受伤的痕迹。到了下午离园时间，因为楚楚妈妈来接楚楚时，另一名家长正在询问我自己家孩子的最近表现，我只是和楚楚说了再见，忘记和楚楚妈妈说明今天发生的事情，楚楚和妈妈便离开了。

到了第二天，当上午班老师再次问起这事情时，我才想起忘记和楚楚妈妈说明昨天的情况了，赶忙联系楚楚妈妈，和她说明了这一情况。好在楚楚是一个叙事清楚的小朋友，当天晚上回家已经和妈妈把这件事叙述得很清楚了，下巴的磕伤也不严重。同时，楚楚的妈妈也是一个很通情达理的家长，十分理解老师。

教师反思

如果楚楚是一个表达能力差的孩子，他可能会说不清当时的情况，家长会不知道我们已经及时处理过孩子的磕伤；如果这位家长性格很急躁，她可能会很生气地找到老师，责怪老师没有及时告知情况，也可能闷在心里将这些小事越积越多，最终造成家长和老师之间的大误会。每次接班时两位老师会进行沟通，说一说上午的活动进展、幼儿情绪、进餐情况等，当然有时候少不了一些幼儿受伤磕碰的安全情况。这次，由于两位老师都没有及时将楚楚磕伤下巴的情况记录在交接班记录表上，晚上离园时，也忘记将这一情况告知幼儿家长，险些造成误会。

小班幼儿刚入园，老师对幼儿情况还没有完全了解，早上家长送孩子时，可能会和老师说："老师，我们家孩子爱出汗，中午睡觉少盖点被子就行了。"有的可能会说："老师，我们家孩子习惯每天早上在家大便，他在幼儿园不好意思大便，请老师多费心提醒他。"类似这样的小事情，就需要我们及时记录在交接班表格里，方便接班的老师查看，不然这样的小事情一多，老师忙起来也许就会忘记了，久而久之可能会带来老师和家长之间的矛盾。

所以我们做了如下反思：

1. 班中两位老师交接班时，教师及时将班中情况记录在表，形成文字形式，便于查看。
2. 可将重要的事情记录在纸条上，贴于班门口，便于提醒教师及时和家长沟通，避免遗忘。
3. 教师主动多和家长进行沟通，并在家长会时强调，有事情及时与班中教师沟通，不要将心中的疑虑越积越多。

河北省直机关第四幼儿园　李思铭

案例三　爱搞怪的宁宁

宁宁是个不善言谈、内心却很有自己想法的小女孩，自己坚定的事情，就一定不会轻易妥协。比如：她不喜欢吃西红柿，任凭老师怎么开导，绝对不会吃一口；她觉得尿裤子或者午休时在床上玩制造出声音好玩，每天总会制造一些小乐趣来让老师或小朋友关注。

11点50分，我准时来到班里，和上午班老师进行工作交接，开启下午班岗位的工作。刘老师告诉我，宁宁上午连续尿裤子3次，都已经给她换上了干净衣服，且把脏衣服放在了柜子里，让我在放学时跟家长告知一声。刘老师嘱咐我中午务必提醒宁宁起床上厕所，否则再尿了就没有衣服穿了。这让我开始关注这个白白净净的漂亮小姑娘，我眼睛看向她时，她也正盯着我，对视后她赶紧藏在了被子里。刘老师悄悄告诉我，上周的一个午休时间，宁宁拿出不知什么时候放在兜里的蜡笔，花花绿绿涂了满床，并哈哈大笑起来，说真好玩！搞得附近小朋友无法安静睡觉，老师也很生气。

据了解，宁宁平时跟妈妈在一起的时间比较长，妈妈是个全职太太，负责宁宁的一切起居生活，平日里她爸爸忙于工作,就她们母女在家。妈妈性格内向,很少带宁宁出去玩。或许是妈妈过于包办,或许是宁宁缺少与他人沟通,或是宁宁缺少其他人的关注,也或许是宁宁在集体生活中容易紧张,宁宁总爱在一个角落里坐着,时常搞一些破坏来引起关注。我担心宁宁中午再搞出什么"名堂"来,便提起精神来关注她。

我走到她面前,微笑着拍拍宁宁说:"听刘老师说,宁宁上午虽然尿裤子了,但是上课表现还是挺好的,老师很喜欢可爱的宁宁,中午如果你好好睡觉的话,老师会更喜欢你。"这个小女孩听后,不好意思地笑着藏在了被子里。我拉开被子给她盖好,坐在她旁边微笑地看着她睡觉。虽然小床很小,我和宁宁挤在一起却很温暖。几分钟后,宁宁已快速入睡了。1点半时,叫醒她起床小便了一次。

我和宁宁顺利度过了一个中午。

教师反思

1. 教师交接班时,要注意将幼儿发生的一些特殊情况交代清楚,以便工作的顺利进行并保证和家长进行及时沟通。

2. 交接环节应当引起重视,交接时要注意环视每名幼儿的精神状态,并做好交接班记录。

3. 教师要注意学习幼儿生理学、幼儿心理学等专业知识,善于发现问题的本质,并采取积极的应对办法,教师要注意多给幼儿爱和帮助。

河北省直机关第四幼儿园　闫海芳

【案例评析】

案例一中,教师具有敏锐的观察力,能够关注到个别幼儿的情绪变化及身体状况,并及时与其家长沟通了解情况,针对幼儿的异常表现做到心中有数。不仅如此,在交接班环节,上午交班老师将幼儿的异常表现及与家长沟通情况细致耐心地与接班教师进行说明,而接班教师在午睡环节,对该幼儿给予了特殊关注,及时恰当安抚。案例中两位教师恪尽职守的工作态度和行为是幼儿教师学习的榜样与典范。

案例二中,交班教师与接班教师针对上午幼儿磕伤事件进行了详细的口头交接,整个下午,接班教师对该幼儿也极为关注,多次查看伤情。但是在与家长沟通这一环节,由于接班教师的一时疏忽,没有及时与家长沟通此事。这也是大部分教师的弊病,认为只是磕碰了一下,并未留下伤痕,往往会疏忽大意或是存在侥幸心理。对于幼儿的磕碰事件,教师必须如实告诉家长事件的经过,并表示歉意,切忌大意或隐瞒,与家长及时坦诚的沟通可以赢得家长的信任。

案例三中的教师在评价幼儿时,注重保护和激发幼儿的自信心和积极性,对于幼儿所犯下的错误,没有给予批评和训斥,而是结合其日常表现,发现和赏识幼儿的点滴进步,很好地体现了教师"激励"评价的基本导向。调查发现,有近三成的教师与幼儿交流时,仍习惯运用消极评价,而消极评价不仅达不到引导幼儿正确行为的作用,还会挫折幼儿的信心和勇气,让幼儿处于永远不被肯定的位置。

在幼儿教师一日工作中,交接班环节是每位教师都需要认真对待的,有些安全事故和不必要的麻烦可能都是由于教师在交接工作中的疏忽大意而导致的。具体表现如下:

第一,视交接班为走形式、走过场。

很多教师在态度上对交接班环节不够重视,尤其是部分老教师,认为自己经验丰富,能应对任何事件,把交接班环节当作走形式、走过场,并不关心交接的内容是什么。

第二,对交接内容没有认真记录并落实。

交班教师和接班教师很多情况下是口头交接,对于重要的事情,往往没有文字记录,从而忘记去落实,为幼儿安全造成隐患。

幼儿园教师在交接班环节中的问题,既有因工作时间长而产生的职业倦怠,有对交接环节重要性的认识不足,也有教师缺乏责任心或经验不足导致的。

【目标设定】 ⊙

幼儿园教师在交接班环节中应做到以下几点。

一、交接出勤幼儿人数及缺勤幼儿情况

当班教师在交接班前后核对本班幼儿人数是否一致;清楚了解班级出勤人数,交接班时还要了解交待缺勤幼儿的情况及未来园原因。

二、交接幼儿情绪及身体状况

对于情绪不好或身体不舒服的幼儿,交班教师要详细说明,交班教师在下午需要特别留意此类幼儿。

三、交接幼儿进餐情况

进餐过程中,是否有幼儿不想吃或是没有吃,是什么原因,交班教师应向接班教师一一说明。

四、交接教育教学及其他活动情况

在教学活动及其他活动中,如有特殊情况发生或特别需要交代的事情,交班教师需要向接班教师交代清楚。

五、交接有无事故发生

交班教师在交班之前,如有事故发生(包括小伤、破皮等情况),都应向接班教师交代清楚:如何发生的? 有无给予一定的处理,接班教师需注意些什么? 在幼儿离园时,接班教师应主动与家长沟通,说明情况。

六、交接家长的特别嘱咐

在来园时,家长有无特别的嘱咐,如家长晚上不能来接幼儿、由他人代接等。交班教师应向接班教师说明情况,以防发生安全事故。

【幼儿园教师自我管理基准线】 ⊙

幼儿园教师在交接班工作中的自我管理是非常必要的。所以,幼儿园教师要加强自我管理。

一、提高认识

教师应该正确认识交接班环节的重要性,并从思想上重视交接班工作。交班教师必须认真填写交接班记录,将在岗时间的主要工作及未尽事宜交待清楚;接班教师要仔细核对幼儿人数,详细了解上午幼儿的活动、饮食及身体状况等。

二、增强工作责任心

教师应对幼儿和幼教事业充满热爱之情,对工作抱着认真负责的态度。上下午班教师要相互沟通,及时交换情况;对在工作中存在的问题进行分析讨论,研究出解决的方法,不断增强自己的工作责任心。

三、严格遵守园内规章制度

教师应严格执行交接班制度,将交接班环节的各项工作落实到位,使园内的规章制度落到实处。

点评:河北省直机关第四幼儿园 苏书巧

第二节 幼儿午睡环节中的教师自我管理

【案例呈现】 ⊙

案例一 **爱吃枣的小舸**

午饭后孩子们散步、如厕等所有环节做完后,陆陆续续地上床睡觉,就连平日磨磨蹭蹭的小舸今天也快了许多。小舸上床后迅速盖好了被子，闭上了眼睛，没有像平时那样跟旁边小朋友说话。保育老师也发现小舸今天午睡进步明显，并夸赞了小舸。一切都很安静，孩子们很快进入了梦乡。突然，婷婷的一声尖叫打破了这份宁静，"老师，有什么东西打到我的脸了！"婷婷说。我赶忙过去查看，竟看到了一颗湿漉漉的枣核在婷婷的枕边，我看了看四周的孩子们都睡得很香，唯独小舸的眼睛使劲闭着，假装睡着的样子。我让小舸把藏在被子里的手拿出来，果然有一颗还没来得及吃的枣。原来小舸从一开始就一直在装睡，时不时偷偷地躲过老师的视线，从裤兜里掏出枣悄悄地吃。离园时，我把这件事告诉了小舸的妈妈。原来是小舸特别喜欢吃枣，早晨来园时坚持装几颗枣来幼儿园，小舸妈妈实在拗不过就让小舸装了两颗。小舸知道小朋友来幼儿园不允许带零食，所以就想在睡觉时偷偷地吃。

教师反思

1. 幼儿午睡前的检查工作不容忽视，检查幼儿手中、口中、口袋中是否存在可能造成危险的物品，如食物、小颗粒物品、头绳、线类等物品，避免幼儿午睡时玩耍或误食。

2. 午睡环节教师应该关注到每一个孩子的午睡状态，加强对幼儿午睡情况的巡视工作，对有异常行为的幼儿给予特别关注。

3. 加强幼儿入园晨检工作，对幼儿衣袋进行检查，避免幼儿从家中携带不安全物品，发现问题迅速处理，以免发生不必要的意外伤害。

4. 家长工作方面，应提高家长的安全意识，杜绝幼儿携带不安全物品来园，如有携带务必及时告知教师代为妥善保管。

河北省直机关第二幼儿园　赵　丽

案例二　　午睡焦虑的萌萌(小班)

新小班入园一周了，孩子们基本已经顺利度过了入园焦虑期，情绪也相对稳定。可是萌萌在午睡时却仍然会持续哭闹。吃过午饭，孩子们说完午安礼就上床睡觉了，而萌萌却坐在小椅子上一直哭。我问她："为什么一直哭不去睡觉呢？"她说："我想奶奶。"我肯定地告诉她："在小床上睡一觉，再吃一顿饭，奶奶就来接了。"于是，我拉起她的小手把她带到卧室睡觉。可是她仍然躺在床上哭泣，并没有睡着。我想起了萌萌早上来园时带的毛绒小兔，我把小兔子找来递给了萌萌，并跟她说："小兔子喜欢和不哭不闹、听话的宝贝一起睡觉。"她紧紧地抱着小兔子，不再大声哭闹。我陪在她身边抚摸她，轻声安慰她。虽然她还会小声地哭，但并没有影响到其他孩子。下午离园时，我把萌萌的情况和她的奶奶进行了沟通，通过询问我得知平时在家一直都是奶奶陪着萌萌睡午觉。奶奶还告诉我，毛绒小兔是萌萌最喜欢的玩具，去哪儿都要带着。

接下来的几天，我允许萌萌抱着小兔子睡觉。她的情绪也渐渐稳定下来，不再哭闹了。几天后，我告诉她："萌萌，小兔子想和你玩儿捉迷藏的游戏。等你睡醒午觉了，它就会变出来。"萌萌虽有些不舍，但也没有抗拒我把小兔子带走，乖乖地睡觉了。午醒以后，我把小兔子找来给了萌萌。并在所有小朋友面前表扬了她，还送给她一个小贴画。

教师反思

萌萌来到幼儿园已经一周了，针对她在午睡时持续哭闹、焦虑不安的情况，我先是采取了肯定的心理暗示，告诉孩子睡过午觉，再吃一顿饭后奶奶一定会来接，随后及时地和家长进行沟通。通过询问我得知萌萌的午睡习惯和她最喜欢的玩具。在萌萌哭闹的时候，我便找来她熟悉的"依恋物"——毛绒小兔来陪伴她，从而缓解她的焦虑情绪。在尊重孩子情绪的基础上，取得她的信任。当她的情绪稳定之后，我用游戏的形式委婉地将小兔子带走。这时候她已经能够控制自己的情绪，没有因为小兔子离开而哭闹。对于她的表现，我对她进行了鼓励及奖励，肯定她的进步。取得了她的信任，满足了她的自尊心。

小班新入园幼儿来到陌生的新环境,会极度缺乏安全感。他们习惯于有大人陪同,在自己家里的床上睡觉。离开熟悉的环境和家里的床,就会出现各种各样的午睡问题。每名幼儿都是独一无二的个体,他们对午睡的需要也具有个体差异性。一般情况下,幼儿都需要午睡。而有的幼儿午睡时间短、入睡慢;有的幼儿需要依靠熟悉的"依恋物"才能入眠。一旦离开熟悉的环境和"依恋物"就会寝食不安、焦虑烦躁。如果教师一味强硬地要求幼儿必须睡觉,幼儿就会更加焦虑,对新环境产生抵触。这就需要教师细心观察,尊重幼儿个体化差异,积极与家长沟通,及时掌握幼儿情况,采取合适的策略对幼儿进行引导。

河北省直机关第二幼儿园　卢　璠

案例三　　　　　　　　　　　　**午睡中的异常行为(小班)**

有一次,在幼儿午睡期间,我突然发现三岁的小女孩希希,仰躺在床上,大腿紧紧交叉并反复摩擦,身体抽搐,小脸憋得通红,头上冒汗不止,神态十分紧张。我一发现,立刻大声喝止:"你在干嘛?以后不许这样做了!"然后怀着惊讶和厌恶的心情离开了她。接下来的日子,在幼儿午睡期间,我经常能发现她的这种行为,虽然每次都会制止和训斥,但是并没有起到任何效果,她反而开始学会躲避老师,当老师看不到的时候,偷偷躲在被子反复摩擦。后来班内的三位老师集体讨论决定,与希希的家长沟通一下。希希的姥姥反映:"孩子的这种行为在家里也时有发生,甚至导致下身摩擦过度而发红受伤,还给孩子抹过药。"我们这才知道原来家长也发现了孩子的这种行为,只是还没有来得及跟老师沟通这件事。家长也束手无策,为之十分苦恼。

教师反思

因为第一次遇到有这种行为的孩子,我的态度有些过于强硬了。在查阅相关资料后,我才发现,原来幼儿的这种行为是正常的,我起初一味制止和训斥的方法,只会造成幼儿更加逆反的心理,甚至起到相反的效果。我为自己对希希的错误态度而感到愧疚。

希希的这种行为在心理学上称为"夹腿综合征",1—2岁左右的婴儿就会出现,2—3岁较多见,更多地发生在女孩身上,而后随着年龄的增长会逐渐减少。有研究表明,婴幼儿上述行为是一种性感觉行为,不是性欲行为。出现这种行为通常与局部刺激和心理因素有关,比如外阴部的潮湿、瘙痒,裤子太紧等外部因素。又比如,缺乏母爱,缺少玩伴儿和玩具等感情上的不足,只好通过自身刺激来寻求宣泄,从而产生夹腿动作。希希父母工作忙,孩子主要是姥姥照顾,所以在感情上可能会感到孤独,为了疏解压力、转移情感才导致的夹腿行为。

因此,我认为对幼儿的此种行为,最重要的是要转移幼儿注意力,正面引导,总结起来可以采取以下方法:

第一,采用幼儿易于理解和接受的语言进行教育。

家长和教师焦虑、紧张的情绪会传染给幼儿,责骂、惩罚、或强行制止,会让伤害到幼儿的心理。我们应该避免采用训斥的方式制止幼儿行为,应该告诉幼儿小便的地方是个重要的地方,手上有细菌,不能用手去玩,否则会感染受伤,会很疼,要学会保护自己。

第二,发现问题及时与家长沟通。

教师在发现幼儿出现异常行为时,应该及时和家长沟通,尽早发现问题、解决问题。并且引导家长了解相关的理论知识和科学道理,让家长理解幼儿的此种行为,学会用科学的方法帮助幼儿。

第三,帮助幼儿转移注意力,减少对私密部位的关注。

教师要建议家长应该多去陪伴幼儿,分散幼儿注意力。比如一起玩亲子游戏,一起阅读绘本,一起制作手工,一起做运动等,来充实幼儿的闲暇时间和日常生活,减少幼儿对私密部位的关注。

总而言之,当发现幼儿在午睡期间出现异常行为时,家长和教师要避免反应过度,应进行"冷处理",帮助幼儿顺利度过这段敏感时期。

河北省直机关第二幼儿园　李媛媛

【案例评析】

案例一是由于教师忽略了午检环节而导致幼儿携带异物上床的案例。幼儿携带细小、危险物品上床,存在很大的安全隐患。虽然教师以自己的工作经验避免了事故的发生,但事件本身却值得我们反思:一方面是与该幼儿及幼儿家长安全意识不强有关;另一方面也与教师在午睡前对幼儿午检不严有关。教师应认真做好幼儿上床前的午检工作。

案例二中,教师对于幼儿午睡时持续哭闹、焦虑不安的情况,有效运用心理学知识,采用"心理暗示"和"依恋物"等方式进行安抚,既体现教师的专业性又不乏爱心。"依恋物"又称"安慰物",是缓解幼儿焦虑心理的一种方法。同时,作为幼儿教师,应该意识到我们有双重责任,一方面是教育培养幼儿,另一方面是指导家庭科学育儿。"依恋物"的背后是情感的依恋,是幼儿对主要抚养者的依恋。因此,教师应及时与家长沟通,帮助家长调整之前的亲子互动行为模式。家园共同配合帮助幼儿建立良好的心理状态,使其尽快与其他幼儿和教师建立情感上的连接,从而适应幼儿园生活。

案例三中,教师在午睡巡视时发现幼儿有"夹腿综合征"的行为后,由于对该问题缺乏专业认知导致训斥幼儿。所幸教师们对该幼儿行为进行了集体研讨,并多方查阅资料,了解了"夹腿综合征"的成因及矫正方法。幼儿园教师担负着教育幼儿和指导家庭教育的双重责任。教师及时与家长沟通幼儿的异常行为,帮助家长了解相关知识,指导家长为该幼儿营造一个良好的家庭环境,给孩子充分的温暖和爱抚。同时,无论是家长还是教师,孩子在夹腿时,要做到可以"视而不见"或转移其注意力。案例中后来教师的做法有助于家园合作更好地帮助幼儿度过这段敏感期。

《3—6岁儿童学习与发展指南》中指出:"为有效地促进幼儿身心健康发展,成人应为幼儿提供合理均衡的营养,保证充足的睡眠,满足幼儿生长发育的需要"。根据幼儿的生理特点,在幼儿园长达8小时的学习游戏过程中,午睡环节是必不可少的。从幼儿成长的角度看,良好的习惯为其生活自理能力的养成提供了良好的锻炼机会,比如独立入睡的习惯、午睡前后独立穿脱衣服的习惯等等。可见,午睡是保证幼儿身心健康成长的重要前提之一,是幼儿一日生活中不可缺少的环节,但同时也是各项保教工作中相对薄弱、容易被忽视的一个环节。很多教师认为午睡值班是一件简单、轻松的事情,往往会掉以轻心,很多事故也由此发生。存在的问题具体表现为:

第一,教师的包办代替。

《3—6岁儿童学习与发展指南》中提到:"3—4岁的幼儿在帮助下能穿脱衣服和鞋袜;4—5岁的幼儿能够自己穿脱衣服、鞋袜和纽扣;5—6岁的幼儿能够根据冷热增添衣物。"教师应该利用午睡环节为幼儿提供独立穿脱衣服的机会。而很多教师对于动作慢的幼儿往往采取包办代替的方法,认为他们自己穿得太慢了,耽误时间。这种行为恰恰忽略了幼儿自身的价值,在一定程度上影响了他们自理能力的提高。

第二,教师缺乏一定的指导能力。

对于小动作多、晚睡或者不睡的幼儿,教师往往不能对他们采取行之有效的管理策略,不是摆出高压、权威、命令的姿态就是视而不见,忽视他们生理和感情上的需要,不能对幼儿睡眠给予科学的方法和专业的指导。

第三,家园沟通不到位。

幼儿良好的睡眠习惯受家庭影响很大,很多幼儿园的家园工作不到位,家长对于幼儿园的目标和要求不清楚,从而导致家园教育不一致、不同步。所以教师与家长的沟通状况在一定程度上影响了幼儿午睡习惯的形成。

幼儿园教师在午睡工作中存在的诸多问题,原因是多方面的,主要是教师缺乏责任心、专业能力与专业水平有待提升。

【目标设定】

幼儿园教师在组织午睡环节中应做到以下几点：

一、午睡前

1. 提醒幼儿上床前小便。

2. 指导幼儿脱掉外衣，并叠放整齐。

3. 进入寝室前对幼儿进行午检，提醒幼儿不要将细小的危险品带上床。

4. 提醒幼儿进入寝室后把鞋子摆放整齐，安静上床入睡。

二、午睡中

1. 创设安静午睡环境，定时巡查，观察幼儿午睡情况，为幼儿盖被子，纠正不良睡姿等。

2. 做到看脸色、听喘息声音、闻异味，发现异样情况及时处理，酌情向值班园长汇报。

3. 根据需要提前为幼儿准备午点，清洗，水果削皮，盖防尘布。

三、午睡后

1. 组织幼儿起床，指导幼儿穿衣服、穿鞋，开窗通风。

2. 提醒幼儿如厕、洗手、喝水、梳头，观察幼儿精神状态。

3. 组织幼儿安静吃午点，注意幼儿礼仪培养。

4. 配合保健医生进行午检。

【幼儿园教师自我管理基准线】

一、做好幼儿睡前准备工作

教师要重视幼儿午睡前的准备工作，为幼儿创设轻松的氛围。如睡前带幼儿出去散散步，在树荫下、草坪上，呼吸新鲜空气，并相互聊一聊所见、所闻、所思，这样有助于食物的消化和吸收。

回到寝室后，教师可讲述有助于幼儿入睡的绘本故事和播放舒缓的音乐，帮助幼儿尽快入睡。

二、重视幼儿睡眠习惯教育

教师要放开手，让幼儿自己穿脱衣服。对于需要协助的幼儿，教师要耐心给予指导。可以教给幼儿一些穿脱衣服、叠放衣服的儿歌或口诀。

教师要经常性地去观察幼儿午睡时的行为表现。对于幼儿不良的睡眠习惯，如蒙头、吮吸手指等行为。教师不应强制性去制止，可采取幼儿易于接受的方式，如利用绘本故事、游戏的方式来矫正。

三、加强家园合作，共同培养幼儿良好睡眠习惯

家园合作是培养幼儿良好睡眠习惯的基本前提。家园单向推进，对于幼儿良好习惯的养成缺乏一致性、稳定性，因此家园双方应做到信息互通、教育一致，共同培养幼儿良好的睡眠习惯。

四、教师要严格遵守幼儿园制定的管理制度

在幼儿午睡期间做好值班工作，不做任何与工作无关的事情。对于入睡困难的幼儿，教师要格外关注，耐心安抚。另外，在幼儿熟睡时，教师也不能掉以轻心，必须留在寝室内认真做好巡视、看护工作。另外还要观察每一个幼儿的睡眠情况，填写午睡观察记录表，做好午睡记录。

五、教师要有终身学习的教育理念

午睡活动属于幼儿园教育五大领域中健康领域的内容；午睡活动过程中的师幼互动和幼儿之间的互动属于社会领域范畴；睡前和睡后安静活动的组织属于语言领域和艺术领域。可见，午睡活动的组织和教育活动同等重要，教师要把握午睡活动带来的教育价值，不断提高自己的专业能力和专业水平，将学前教育的理念贯彻得更加透彻。

点评：河北省直机关第四幼儿园　**苏书巧**

第六部分

幼儿园教师在区域与游戏活动中的自我管理

第一节　环境创设与材料投放中的教师自我管理

【案例呈现】

案例一　　　　　　　　**入区前的徘徊(中班)**

清晨,孩子们高高兴兴地来到了幼儿园。伴随着区角活动开启了一天的幼儿园生活。晨晨站在活动室中间,先是看了看图书区,又看了看益智区,再扭头瞅了瞅美工区,却始终站在原地迟迟不动,一直没有入区活动。

我看到这种情况,走过去蹲下来对他说:"晨晨,默默在摆多米诺,你要不要和他一起摆?"晨晨听了我的话停顿了一下,低声说:"老师,这些我都玩过了……那,好吧!"说着他慢慢地走进了益智区。

教师反思

幼儿园区域活动是幼儿一种重要的自主活动形式。幼儿可以自主选择活动区进行活动,而晨晨在选择活动区时犹豫不决,最后在我的引导下做出选择。这种现象背后的原因是什么呢?经过深刻思考,我找到了原因:游戏环境的创设应该以幼儿为主。而我们班在进行环境创设时,是由我们三位老师费尽心思地搜集材料,精心制作与布置,没有深入了解我班幼儿的兴趣与需求。此外,我发现班级活动材料相对固定,基本不更新。时间久了,孩子们对材料失去了兴趣与新鲜感,所以在区域选择时,出现了犹豫不决的情况。

唐山市第二幼儿园　　孙莹莹

案例二　　　　　　　　**这是我的书(小班)**

早饭点名后,区域活动开始了,小(一)班图书区里,几位小朋友安静地翻阅着从书架拿的绘本。

没过一会,图书区里传来了争吵的声音:"我看!""给我看,这是我的书!"只见萱萱和诺诺两个人站在书架旁,分别抓着绘本《小猪佩奇》的一角,来回地拉扯、争吵。

我连忙走过去,问道:"怎么又开始抢了?前几天不是告诉过你们,你们一起看不行吗?"听完我的话,萱萱小声嘀咕道:"是我先拿到的,这是我的书!"诺诺也不甘示弱:"我最喜欢《小猪佩奇》了!"(眼眶泛红,眼角开始湿润)。看到这种情形,我从书架上又拿起来一本《三只小猪盖房子》递给了萱萱说:"萱萱,你来看看这本书也很有意思。"萱萱不情愿地接过了书,翻着书嘴里嘟囔着:"我还是想看刚才那本……"

教师反思

　　图书区里争抢同一本书的现象已经不止一次发生,作为教师,每次处理这种问题都很头大。现在的孩子普遍都很任性,见到别人看什么书自己也想看。作为教师,也跟班里的小朋友们强调多次不能争抢,要谦让要分享,还会在区域游戏时间刻意把爱争抢的孩子分开,但是感觉他们好像听不明白,还是经常出现这种现象,解决的效果不理想。

案例三　　　　　　　　　　　**由小变大的超市(大班)**

　　今天是大二班的小超市开业的第一天,孩子们显得很兴奋,超市里"顾客"来来往往,"导购员""收银员"忙得不可开交,一片热热闹闹的景象。

　　而我却发现小超市旁边,平日里热闹的水果店和蛋糕店却无人问津,异常冷清。走进水果店,发现只有"店长"在里面来回溜达,一脸的不高兴,看到我过来,"店长"连忙问道:"老师,新开的超市里面,什么都有卖的,水果种类特别多,我不想在这儿玩了,我也想去里面看看。"我答应了他的请求,看着他开心地加入小超市游戏的样子,我陷入了深思。

　　下班时间,我和几位老师一起,把小超市旁边的水果店和蛋糕店都合并到了小超市里面,孩子们游戏的范围变得更大了。

　　从那以后,大超市变得更热闹了……

教师反思

　　每次观察孩子们区域游戏活动时,都会被孩子们热情的劲头打动,也想方设法把尽可能多的空间归还给幼儿,可往往由于利用不好空间,而发挥不出其应有的效果。在设置小超市区域时,忘记考虑旁边蛋糕店、水果店这些同性质的区域,所以才会导致在活动中出现没有幼儿进行游戏的现象。观察发现,孩子们对超市的兴趣点大于其他两个区域,因此我就根据幼儿的游戏兴趣与需要及时进行了调整,发现效果显著。

唐山市滦县新城幼儿园　赵方圆

【案例评析】

　　案例一中,幼儿本应该自主选择活动区进行活动,然而由于在进行活动区的环境创设时,班级的三位老师费经心思地搜集材料,精心制作与布置,并没有深入了解本班幼儿的兴趣与需要,才会导致幼儿在选择活动区时不感兴趣且犹豫不决,最后在教师的引导下做出选择。此外,从本班教师的反思中,我们可以发现该班级活动区的种类单一、活动材料相对固定且基本不更新,每天都重复进行同样的区域游戏,幼儿对区域、材料早已失去了兴趣与新鲜感,所以在区域选择时,才会出现案例中的被动参与状况。

　　在案例二中,可以发现本班幼儿在图书区发生争抢图书的现象不是第一次出现,而老师每次解决问题基本都是一味地强调让幼儿谦让与分享,却没有意识到问题的根源:游戏材料的数量和种类问题。小班幼儿对游戏材料的种类需求多,尤其是同一种类的材料数量,而教师并没有在游戏开始前对游戏材料的种类和数量上进行规划,才会导致问题不但没有解决还会反复出现的情况。

　　案例三中的教师能够认真观察并分析幼儿的区域游戏活动,发现由于设置的小超市区域与旁边蛋糕店、水果店区域性质相同,导致没有幼儿去蛋糕店和水果店游戏,而且小超市游戏空间明显不足。教师根据幼儿的游戏兴趣与现实需要,及时调整区域环境与材料,让幼儿在开放而具有挑战的环境中,做最想做的事,玩最想玩的游戏,在与材料、环境充分互动中获得学习与发展。

　　《幼儿园教育指导纲要(试行)》中指出:"环境是重要的教育资源,应通过环境的创设和利用,有效地促进幼儿的发展"，区域环境作为幼儿园重要的教育环境理应被幼儿教育者所重视。为此，我们应努力创设与幼儿能够有效进行互动的显性与隐性环境，让幼儿真正成为与环境互动的主导者，努力发挥环境和材料的催化作用，为幼儿的游戏注入活力与生机，挖掘环境更深层次的教育功能，让区域环境真正成为幼儿的第三位老师。当然，无论是对于有经验的幼儿园教师，还是对于刚刚步入岗位不久的新手幼儿园教师和部分转岗的农村幼儿园教师来说，区域活动的环境创设和材料投放方面存在的困难和问题都较为明显。具体表现为：

第一，环境创设与材料投放简单固定、形式单一，忽视幼儿兴趣。

有些幼儿教师在创设活动区环境时，只考虑自己的想法和意愿，注重花哨的装饰，忽略幼儿的兴趣和意愿；有些教师在投放游戏材料时，较少关注材料投放之后幼儿的实际操作情况，较少对材料进行增添或删减，也没有跟随幼儿游戏主题发生变化，有的游戏材料一放就是一两个月，甚至一学期都毫无变化，教师对于材料投放仅停留在静态层面，缺乏动态灵活性。

第二，材料投放忽略幼儿的生活经验与年龄差异。

有些教师在投放材料时不考虑本班幼儿的生活经验和年龄特点，尤其是对于小班幼儿，如果投放的材料不适宜，那么低结构材料容易变成他们眼中的高结构材料，进而会影响区域游戏发挥应有的作用和价值；一些教师在观察幼儿游戏时只注重幼儿有无打闹、争抢玩具等明显现象，较少关注细节，如在游戏过程中哪些材料是本班幼儿喜爱的、哪些材料是不太喜欢的，哪些材料是幼儿生活中经常用到的、哪些材料对于幼儿来说是陌生的等细节，对幼儿活动的观察不够全面细致。

第三，材料投放的层次性、丰富性、科学性不足。

观察中发现，大部分教师在活动前是将现有的材料一次性全部投放在活动区，导致高结构和低结构的材料泛滥；有些教师在投放区域活动材料时，只注重现成物品的投放使用，忽略了自然物品和废旧物品的利用；有些教师把材料从小班沿用到大班，没有及时地更换或者改造材料，导致既不能有效地利用材料的特性，也占据了班级环境的空间，对环境和材料缺乏操作性和探究性，阻碍了区域游戏的深入开展。

第四，忽视环境创设和材料投放情感刺激作用的发挥。

有些教师在创设环境和投放游戏材料时，只注重环境和材料中知识方面的价值，忽视环境和材料中蕴含的丰富情感内涵对幼儿学习热情的激发、学习品质的培养作用。

幼儿园教师在区域活动的环境创设和材料投放方面存在的种种问题，原因是多方面的，主要是教师队伍不整齐、环境创设方法不科学、教师忽略幼儿的年龄特点、教师对活动区的观察不够、教师的职业态度不积极、活动反思能力不足。

【目标设定】

幼儿园教师的环境创设与材料投放能力，要达到以下几个目标。

一、科学性

1. 尽量保证区域布局合理，设置多元，大小适宜，颜色鲜艳立体而有趣，动静区分开，私密与小组活动分开安排，区域间有联动。

2. 保证材料投放体现教育目标。

3. 考虑幼儿的年龄特点和实际需要。如低年龄段的幼儿直觉行动思维占优势，注意力持续性较差，因此，需要为他们提供一些生动形象、操作性较强的材料。而高年龄班的幼儿以具体形象思维为主，逻辑思维逐步发展，因此，可以提供较为复杂、对智能要求高、锻炼逻辑思维的活动材料。

二、适宜性

1. 时机要适宜。如幼儿有兴趣时或者遇到困难时，投放相应材料创设适宜环境，促使游戏顺利进行。

2. 方式要适宜。如材料可以开放式地呈现在幼儿面前或按明确的活动主题、任务投放材料。

三、探究性

1. 提供具有探究性的活动材料,使区域活动具有持久性。

2. 及时调整、补充新材料,保证材料能不断引发幼儿的探索活动。

四、安全性

1. 环境要安全。如户外游戏场地要相对柔软,远离电源、马路等其他危险源。

2. 材料要安全。如材料要符合安全标准,安全无毒;材料要定期维护并清洁;尽量不提供小零件或边缘锋利的玩具,进而保证幼儿安全。

五、情感性

整洁、温馨的环境和整齐美观的材料摆放具有顺序感、和谐感和美感,充分利用模式、颜色、光、视觉和听觉等环境中各种形式的美,可以在墙上用绘画作品、布料、颜色、音乐和植物等元素,传达对环境的尊重,对于幼儿来说也是一种愉悦的审美形式。

【幼儿园教师自我管理基准线】

幼儿园区域活动环境创设和材料投放的情况直接影响着幼儿是否有兴趣自愿参与区域活动,也直接影响着幼儿在区域里是否能够获得个体的自主发展等方面。创设美观有序、尊重幼儿发展差异、支持幼儿持续发展、属于幼儿自己的区域活动环境,幼儿园教师要加强自我管理。

一、自觉树立重视提高环境创设和材料投放能力的意识

教师对区域活动环境创设及材料投放的认识直接影响着区域活动中实际材料投放的行为。环境创设的出发点在于满足幼儿成长需要,同时注意不同年龄阶段幼儿需要的区域环境不同。教师应意识到要为幼儿创设具有层次性和探索性的、可供幼儿与之相互作用的活动环境,投放适宜的材料,让幼儿在活动中获得发展。在观念上切实从"教会"幼儿转变到通过准备适当的环境和材料"引发"幼儿兴趣,进而引导幼儿在与环境的相互作用中实现自我成长。因此,作为幼儿园教师首先要树立重视提高环境创设和材料投放能力的意识,再通过合理途径,持之以恒坚持学习,达到目标。

二、坚持以幼儿发展为本的教育理念

在活动区的幼儿、教师、环境三大要素中,应以幼儿为活动的根本,保证幼儿的发展位于中心地位,教师与环境应围绕幼儿的需求,为促进他们更好的发展提供服务。教师要尊重幼儿身心发展规律和特点,将以幼儿发展为本的指导理念落实到具体的工作中。斯宾塞在《教育论》中提到:儿童在活动的过程中应该能够进行自我教育,并能够享受活动,在活动中得到愉快的体验,是幼儿由内而外地想要去接受的。因此,在区域活动中,要坚持以幼儿发展为本,了解幼儿行为特征、游戏形式和材料、交流形式等因素。在创设教育环境的过程中考虑幼儿的年龄特点和生活经验,为不同的幼儿提供不同活动材料,抓住区域的特点,吸引幼儿的关注与兴趣,让幼儿与环境材料之间不断发生新的化学反应。

三、坚持专业学习,不断提高专业知识水平

重视自身学习,明确、细化提高自身环境创设和材料投放能力的目标。通过日常的积累,不断提高环境创设和材料投放能力。借助专业书籍、向老教师请教、网络平台等手段,学习积累相关理论知识,如学习观察幼儿游戏活动,环境创设,材料投放,如何做到能够随幼儿游戏的水平及时调整材料,如何提供适宜的辅材扩展游戏内容,提供适宜的范例或步骤图等方面内容,不断提高自身的区域活动环境创设与材料投放方面的专业知识。

四、及时反思,不断提高专业素养

著名教育家波斯纳提出:成长＝经验＋反思。经验的获得离不开反思的进行,没有反思的经验是狭隘的,最多成为肤浅的知识。作为幼儿教师应具备良好的反思能力,通过不断地实践与反思来促使区域游戏活动顺利开展,如观察是否细致、反思内容是否明确、活动目标是否达成、材料的投放是否恰

当等。关注幼儿对材料的探究,对每日活动情况进行分析、总结再分析。长此以往,既能提升幼儿参与区域活动的效果,又能发挥教师的主动性和创造性,增加专业素养,进而促进专业成长。

五、树立终身学习理念,坚持不懈地学习

提高环境创设和材料投放能力是一项长期的工作,这就需要教师注重日常积累的同时树立终身学习的理念,坚持不懈地学习。因此,教师在工作之余要加强学习,不仅是环境创设和材料投放能力方面要加强,还要加强学习其他各方面知识。也就是说,作为幼儿园教师,不仅要有专业知识、理念和能力,还要具备大局意识,努力成为新时代有理想信念、有道德情操、有扎实学识、有仁爱之心的好老师,不断提高职业素养。

点评:唐山幼儿师范高等专科学校　**张英杰**

第二节　教师干预、指导的自我管理

【案例呈现】

案例一　　　　　　　　　　热火朝天的小医院(大班)

区域活动时间到了,"小医院"里热火朝天,琪琪、轩闰、聿聿和诺一这四位医生正在为他们的"病人"选药品。过了一会儿,几位医生的意见有点不一致,开始争论。开始我并没有管,但争论的声音越来越大,我怕影响其他区域游戏,连忙向小医院喊了一句:"咱们能不这么闹吗?"小医院里立刻安静了。可是没过多久,四位小医生又继续争论起来,这时我又来到小医院旁,小医生们看见我过来了,立刻都不敢出声,我很生气地喊道:"别让我来第二遍了啊!"小医生们似乎知道自己犯错误了,都不敢再大声讨论了……

教师反思

班级的活动区中"小医院"是孩子们最喜欢的区域,也是最头疼的区域,几乎每次都会出现状况,需要我去维持秩序和纪律。在这次区域活动中,孩子们因为选药品出现争论,我开始没管,觉得不影响别人就可以,但在声音大了之后,我很生气,制止了孩子们的争吵。感觉自己简单粗暴的喊叫不妥当,但是心平气和地强调根本没有效果,以后需要多加强区域活动的干预和指导这方面知识的学习。

案例二　　　　　　　　　相信孩子,做智慧的旁观者(中班建构区)

"快乐搭建"区里,奇奇正在建构一条高速公路,忙碌了好半天,行驶着各样车辆的高速公路终于完工了。正当奇奇开心地看着自己的劳动成果时,赫赫不小碰坏了一部分高速公路,车辆也随之翻落。奇奇大叫起来:"闪开,你破坏了我的路!"

我在一旁紧张地看着,生怕奇奇做出什么冲动的行为,但理智却不停地告诉我,再等等,相信孩子。只见赫赫一脸歉意,连忙蹲下说:"对不起奇奇,我马上帮你修好。"旁边的天天也过来帮忙。看着奇奇依旧撅着小嘴生气的样子,我走了过去,微笑着说:"您好,我是道路救援维修员,需要帮忙吗?"孩子们看到我很开心,奇奇那张生气的脸马上平静了下来,拉着我一起修复被破坏的高速公路,几个人有说有笑,共同合作,不一会就修好了高速公路。然后,我嘱咐孩子们有需要可以拨打救援电话后,退出了游戏。奇奇又邀请赫赫和天天搭起了高架桥……

教师反思

在日常区域游戏中,幼儿间的磕磕碰碰都是不可避免的,如果我们不分情景,一遇见孩子起矛盾、闹争吵就立刻上前制止,那么孩子们就可能会失去自主尝试解决问题的机会。但是当出现问题,幼儿又解决不了的时候,就需要我们在游戏中适时介入。因此,我采用了扮演道路救援员角色的方法,介入幼儿的搭建游戏,帮助他们解决冲突,并适时退出游戏,获得比较令人满意的效果。

唐山市第二幼儿园　孙莹莹

案例三　**这是我做菜的刀(小班)**

游戏时间到了,沐沐、昊昊一到娃娃家就忙开了。过了一会儿,沐沐忽然跑来告诉我:"老师,昊昊抢我做菜的刀。"我一看,只见昊昊手里紧紧地握着一把玩具刀,嘴里还嚷着:"这是我的。"

我问明原因:昊昊从沐沐手里抢过小刀后一直不放手,要一个人玩,不让当妈妈的沐沐切菜。于是我马上问道:"昊昊,你是娃娃的爸爸吧?"他使劲点点头,"可是娃娃的肚子饿了,想吃饭了,你不把刀还给娃娃的妈妈,妈妈就没法做菜了,那样娃娃可要饿坏了。"昊昊听了后点了点头,此时他的小手里依旧紧握着小刀。

然后,我指了指墙上的全家福照片说:"看,全家福上的爸爸妈妈是怎么样的? 会不会吵架?""不会"昊昊轻轻说道。"爸爸妈妈吵架宝宝会哭的。"旁边的沐沐说道。"是呀,爸爸妈妈吵架宝宝会伤心难过,以后爸爸妈妈要友好,不可以吵架。"我附和道,"快八点了,爸爸快去上班吧! 等你下班回家了再帮妈妈做饭,好吗?""好吧。"昊昊听了我的话,急忙放下小刀,"上班"去了。

教师反思

在区域游戏中,教师需要依靠自己的智慧做出判断,适时介入幼儿的活动。因为条件有限,所以小班幼儿在娃娃家游戏活动时,因玩具缺少而出现了争抢的现象,我利用了语言谈话引导、观察全家福照片、语言提示爸爸上班等方式,缓解了幼儿之间的冲突,保障了游戏的顺利进行。

【案例评析】

案例一中,教师并没有对幼儿进行过多细致的观察,对幼儿之间出现的问题并没有了解,也没有充分给幼儿自己解决矛盾冲突的机会,只是单纯地按照自己的想法采用了简单粗暴的制止方式,"咱们能不这么闹吗"和"别让我来第二遍了啊",具有威胁性的语言解决幼儿游戏中出现的争论问题,充分发挥了教师的"权威性"。分析出现这种问题的原因,主要在于教师本身缺乏科学有效的区域游戏活动指导策略方面知识和技巧。此外,从本班教师的反思中,我们可以发现本班幼儿已经习惯了教师这种简单粗暴解决冲突的方式,而教师也意识到了自身缺乏指导区域活动的有效方法和策略。

在案例二中,可以发现教师在幼儿游戏活动出现争吵时,并没有急于介入,先是做一名旁观者,细致地观察幼儿的活动情况,以实际行动鼓励幼儿在区域活动中自主尝试,解决问题。在发现幼儿解决问题效果不明显时,教师以角色扮演的方式,介入游戏,帮助幼儿解决冲突,保证游戏的顺利进行。《3—6岁儿童学习与发展指南》中指出:4—5岁幼儿在与同伴发生冲突时,能在他人的帮助下和平解决。教师较好地抓住时机,完成了这一教育目标,同时又促进了幼儿的社会性发展。

案例三中的教师能够认真观察幼儿的区域游戏活动,适时介入幼儿的活动。《3—6岁儿童学习与发展指南》中指出:3—4岁幼儿在成人的指导下,不争抢、不独霸玩具;与同伴发生冲突时,能听从成人的劝解。在小班娃娃家游戏活动中,幼儿因玩具缺少而出现了争抢玩具的现象,教师充分抓住了教育契机,利用了谈话引导、观察照片、情节提示等方式,介入了区域游戏活动,给予适当的指导。既缓解了幼儿之间的冲突,又保障了区域游戏的顺利进行。

《幼儿园教育指导纲要(试行)》中指出："教师在游戏中要发挥观察者、组织者和协助者的作用,正确处理教师在游戏中的地位,注意角色身份的转换。"在区域游戏活动中,教师是观察者、发现者,又是幼儿游戏的支持者、鼓励者。而教师对区域游戏活动的指导又称为干预,主要是体现"授之以渔"的理念,是指教师在周密细致观察幼儿的基础上,以自身为影响媒介,巧妙地采取各种方式,或示范,或合作,或介入,施加教育影响,以期引导与改善幼儿的行为,向着预期的教育目标发展。当然,无论是对有经验的幼儿园教师,还是对刚刚步入岗位不久的新手幼儿园教师和部分转岗的农村幼儿园教师来说,区域游戏活动的介入指导方面存在的问题都较为明显。具体表现为:

第一,对幼儿的发展价值认识不正确。

有些幼儿园教师在区域游戏活动中的指导行为较多注重游戏结果而忽视游戏过程。教师对游戏的理解,还停留在传统的观念上,过于注重游戏的目的性,进而忽视关注游戏过程中幼儿的投入和表现,忽视区域游戏活动过程对于幼儿发展的重大意义和价值。

第二,指导能力尚不足。

很多幼儿园教师对于指导幼儿区域游戏活动方面能力明显不够。对于开展游戏的幼儿观察不充分、观察方法手段单一、观察的切入点不清楚等问题;教师对应该采用什么方式在什么时间和情况下介入幼儿的游戏存在困惑,导致指导效果与预期设想存在很大差距。对于区域活动中幼儿的表现、需求、问题、生成的活动、互动等需要,大部分教师不能适时、适当地给予回应与指导,进而使幼儿的能力发展也受到限制。

第三,主动反思的意识和习惯缺乏。

幼儿园教师缺乏主动反思的意识,在解决幼儿游戏中出现的问题后,不能及时地分析行为产生背后的原因,进而导致提出的指导策略缺乏科学性与严谨性。

第四,忽视情绪感染作用的发挥。

有些教师在对幼儿进行指导时,没有站在幼儿的角度考虑问题,而是单纯以指导者的身份与幼儿交流,导致指导的效果不佳,幼儿活动的积极性也受到影响。忽视情绪对于幼儿活动热情的激发和感染作用,进而影响了区域活动教育价值的有效发挥。

幼儿园教师在区域活动的干预、指导方面存在的种种问题,原因是多方面的,主要是教师队伍不整齐、指导方法不科学、对幼儿的观察不到位、反思能力不足、自我效能感低。

【目标设定】

幼儿园教师的区域游戏活动干预、指导能力,要达到以下几个目标。

一、有效性

1. 敏锐的观察力和随机应变能力。幼儿园教师在指导幼儿时要注意观察幼儿游戏的能力水平,了解幼儿游戏的意图、能力及行为表现,并对幼儿的游戏行为加以分析,进而决定指导的方式,给予帮助和指导,保证指导的有效性,促进游戏的开展。

2. 按照幼儿的关键经验和最近发展区进行有效指导。对个别动手能力差、出现困惑的幼儿,降低要求,提出建议;对个别已经掌握知识内容的幼儿,提出更高的要求;对与材料互动出现错误的幼儿,帮助他们重新认识材料,指导正确的操作方法;对认知水平较高、能熟练操作但兴趣不浓的幼儿应及时激发兴趣,提高要求。

二、适宜性

1. 适时等待。为介入行为找准时机,给予幼儿游戏的建议,引导幼儿克服困难顺利进行游戏,并丰富幼儿的游戏内容,使指导的效果达到最大。

2. 介入时机要适宜。如当幼儿遇到困难挫折时,当幼儿有不安全倾向时,当幼儿主动寻求帮助时,当幼儿出现不符合社会规范的消极内容时,当出现可以提升幼儿经验的教育契机时等情况,教师可以根据实际情况,抓住恰当的时机,对幼儿进行指导。

3. 介入方式要适宜。可以采用语言指导方式、动作(非语言)指导方式和语言加动作相结合的指导方式。教师可以询问幼儿游戏的意图;以平行游戏者的身份介入指导;以角色身份参与游戏等方式指导区域游戏活动。

4. 角色转变要及时。可以是参与者、观察者、记录者、评价者和反思者多种角色。

三、科学性

1. 使用的语言要规范且富有感染力。教师的指导要建立在鼓励性的言语之上,避免通过强硬的指导方式剥夺幼儿活动的主体权利,打消幼儿继续探索的欲望。

2. 符合幼儿的身心发展特点和年龄特点。

3. 遵循区域游戏活动指导的原则。

【幼儿园教师自我管理基准线】

幼儿园区域游戏活动的干预、指导情况影响着幼儿参与区域游戏活动的质量,那么游戏中教师扮演了什么角色,该如何介入幼儿游戏,在游戏中又该如何引导幼儿,促进游戏的顺利开展,这就需要幼儿园教师加强自我管理。

一、增强区域游戏活动干预、指导的意识

思想上重视了,行动的开展才会更加高效,很多问题就可以迎刃而解。教师对区域游戏活动指导的认识直接影响着区域游戏活动中的干预、指导行为,也影响着幼儿区域游戏活动的开展。因此,教师要充分意识到区域游戏活动指导的重大价值,树立正确的角色认知和区域游戏活动指导意识,灵活恰当地运用指导策略。持之以恒,进而促进幼儿在区域游戏活动中身心得到全面健康发展。

二、坚持以幼儿发展为本的教育理念

在区域游戏活动中,教师应正确认识"儿童本位",尊重幼儿的主体性和差异性,争取与幼儿进行高质量的互动。还要将以幼儿发展为本的指导理念落实到具体的区域游戏活动之中,了解幼儿的个性特点,注重幼儿的个体差异,对不同的区域、不同的材料运用不同的指导方法,对不同性格、不同发展水平的幼儿提供不同的指导策略,鼓励幼儿的创造性表现。

三、坚持专业学习,提高自身对幼儿区域游戏活动的介入水平

幼儿园教师应重视自身的专业学习,明确、细化提高自身区域游戏活动指导能力的目标。通过日常的积累,不断提高区域游戏活动指导能力。如学习有关幼儿心理以及如何教育幼儿的理论知识,了解幼儿在各个年龄阶段特有的游戏特征、幼儿在区域游戏活动中可能出现的游戏动机、幼儿在区域游戏活动中存在的个体差异等因素,然后再根据实际工作中遇到的具体情况对幼儿区域游戏活动进行介入;掌握幼儿区域游戏的理论知识,知道区域游戏对于幼儿发展的重大意义和价值、区域游戏的特点等,进而更好地理解与引导幼儿进行区域游戏。教师可以借助专业书籍、向老教师请教、网络平台等手段,学习积累相关理论知识,保证科学有效地介入区域游戏活动,不断提高自身的专业化水平。

四、善于反思,不断提高区域游戏指导能力

著名教育家叶澜教授曾说:一个教师写一辈子教案不一定成为名师,但如果写三年反思则有可能成为名师。由此可见,反思是提高幼儿教师区域游戏指导能力的有效途径。例如,平时注意积累区域游戏的指导案例,通过对案例进行反思分析,对幼儿的游戏情况及规律进行归类,总结经验教训,方便日后处理相似问题。教师还可以在指导幼儿区域游戏前、游戏过程中或游戏后进行反思,如在每次开展活动之前制定清晰的计划和目标,清楚在活动中看什么,做什么;在活动时,及时发现幼儿的兴趣点和阻碍幼儿继续游戏的"障碍",并提出解决方案;区域活动结束后,依据活动情况与幼儿和班级其他教师交流,从多角度了解自己给予幼儿的指导是否及时,使用方法是否合适。同时加强教师之间的沟通,分享自己的工作经验和智慧,取长补短,共同进步。由"教书匠"转化为专家型教师,成为区域游活动有效开展的支持者。

五、坚持终身学习，提高职业素养

一个成功的教师，首先是一个善于不断自我更新观念的学习者，只有及时地汲取当代最新教育科研成果，才能立于不败之地。提高区域游戏活动指导能力是一项长期的工作，这就需要幼儿园教师树立终身学习的理念，在工作之余加强学习区域游戏活动指导方面内容。此外，还要加强学习其他各方面知识，如学习现代教育技术的知识、人文素养的内容、与社会有关的生活知识等，关注时代、关注社会、汲取养分、丰富思想，全面提高自身素养。

点评：唐山幼儿师范高等专科学校　　张英杰

第七部分

幼儿园教师在离园环节中的自我管理

第一节　与家长沟通中的教师自我管理

【案例呈现】

案例一　　　　　　　　　　**尿床的小丽（小班）**

在幼儿园 17:00 放学,幼儿园教师会与多数家长用一两句话简单沟通幼儿在园一日生活中的表现,针对特殊情况会和父母进行深入的沟通。以下是关于小班孩子尿床的沟通内容:

中午,孩子们午睡时间为 12:00—14:30。上床前,我们会组织孩子们每个人都排队去小便、洗手,然后帮助孩子们脱衣服、叠衣服、上床。孩子们进入午睡,在此期间老师们会巡回观察,看幼儿是否有趴睡、蒙头睡或其他不利于幼儿睡觉的情况。

小丽昨天午睡的时候就尿床了,她妈妈特意提醒我记得午睡的时候叫她小便。在 14:00 的时候,我看也快起床了,便提前叫醒了熟睡的小丽。

我轻轻地抱起小丽,在她耳边说:"小丽,醒醒! 去小便吧!"

小丽:"不,我要睡觉,我没有小便!"

我继续劝着她:"老师抱着你去,要不又要尿床了!"

小丽继续扭动着身子,不再说话,从我怀里滚到床上蜷缩着继续睡了。

我仍然不死心,说:"有小便时候告诉老师!"

小丽不再说话,好像已经睡着了。14:20,小丽坐起来,哭了! 我一摸床——居然又尿床了!

我问:"小丽,你有小便怎么不说呢? 尿床上了吧?"

小丽说:"我没有尿,是妈妈没有把我的被子晾干!"

她哭了,很委屈的样子,一个劲地说着:"没有,没有。"

有的小朋友调皮地跑过来,指着她的被子,笑着说:"又尿床了!"

离园的时候,很多家长都来接孩子了,小丽妈妈来得比较早,我把小丽尿湿的裤子和被子打好包,递给小丽妈妈,还没有等我开口说话,小丽就扯着她妈妈的衣服说:"我没有尿床! 妈妈,我没有尿床!"

我看着小丽,说:"小丽,说谎可不是好孩子,老师中间还提醒你要去小便呢!"

小丽哭着说:"我没有,我就是没有!"

小丽妈妈拍着被褥,生气地说:"你总是这么多理由,从来不会承认错误。"

我跟妈妈把中午准备睡觉、中间叫她起床、发现她尿床的全过程都详细地讲了一遍。这个过程中,小丽一直在旁边哭着说:"没有! 我没有!"

小丽妈妈说:"在家里一般也得硬叫她起床小便,一时疏忽,她就会尿床。所以,还得麻烦老师在

85

她睡觉的时候叫她起床小便,如果她不小便,就别让她睡了! 真是谢谢您了!"

我说:"她跟我发脾气,打扰其他小朋友怎么办呢?"

妈妈说:"您就让她睡在挨着卫生间的位置,尽量减少对其他小朋友的影响。"

我说:"好吧! 我试试!"

妈妈拉着依旧抽泣的小丽走了。

教师反思

对于小丽的尿床问题,当时不应该在全班小朋友面前说她尿床了,这样可能会伤孩子的自尊心。后来我按照妈妈的要求每次都硬拉着她起来小便,偶尔她尿床的时候,我便说:"宝宝尿床没有什么大不了的。不要觉得很丢人呦,一会老师帮你把被子晾晾就好了。"以后出现类似的事情我不会再当着所有孩子的面说她。我会把她叫到一个安全舒适的地方给她换睡衣睡裤,并告诉她要小便的时候就告诉老师,要不,尿了床,宝宝也不舒服,没有办法睡觉了。同时,告诉家长孩子有自尊心,回家要与她平等地沟通交流。

河北省廊坊市霸州市行知幼儿园　蒋　雪

案例二　　不爱说话的萱萱(小班)

刚刚接手小二班的时候,有一个叫萱萱的幼儿让我很是挠头,在她的身上感觉不到老师的存在。老师和她沟通的时候,她基本不明白老师说的是什么,也从不理会,甚至叫她名字也没有任何回应,看也不看你一眼。这是从教五年来第一次碰到这样的幼儿,我甚至怀疑自己和幼儿的沟通方式是不是存在问题。一天她妈妈接她的时候我和她针对萱萱的问题进行了沟通。

我说:"萱萱在班上从不和我交流,而且我和她说话的时候,她连看都不看我一眼。她是听不懂我说话吗? 在家是个这样的状态吗?"

妈妈说:"她在家也是这样,只和我一个人交流,她想理的人才会理,而且她只会说三个字,不会说整句的话,但是她什么都明白,只是不和别人交流。"

我问:"平时有没有带她和附近的孩子一起玩过?"

妈妈说:"家里做生意,整天都很忙,没有时间去管她,她自己在家整天就是看电视或者自己玩玩具,几乎很少和别的孩子交流,周围也没什么和她一样大小的孩子。另外,在一周左右的时候,她得过一场大病,由于给她输液输得太多了,可能刺激到了孩子的脑部神经,这或许也和现在不交流有一定的关系。"

我问:"她说话吐字清晰吗? 在家有没有主动和你沟通的行为?"

妈妈答道:"吐字还可以,基本上没有主动沟通的行为,但她会用行动告诉我她的想法。"

我提出:"平时在家您多和她沟通一些吧,比如放学后你在回家的路上可以跟她说说您在工作生活中遇到的新鲜事情,她一开始或许不会有回应,您别强迫她说话,慢慢地就会好起来的。你可以和她聊一下今天自己吃了什么? 或者做的什么菜? 多用你的语言去感化她,让她愿意和你交流,不要觉得自己是话痨,要随时随地毫无障碍地跟她交流。也要让她知道遇到什么事情可以和妈妈商量,要先和孩子沟通好了,再做决定。刚开始,不要使劲问她在幼儿园里发生的事情。"

妈妈说:"可以,我以后一定会试着多和她沟通和商量。"

教师反思

两个月以后,我觉得孩子的进步非常大。从以前入园时的置之不理到现在进门对我说"老师好";从以前对小朋友的不理不睬到现在帮其他幼儿拿水杯,整理衣服;从刚开始的不参与任何活动到现在的喜欢做手工、画画;从刚开始点名一声不吭到现在喊"到"。虽然现在还是不能完全参与到所有的集体活动中来,不能像其他幼儿一样正常交流,但是这样已经让我很是欣慰了,心中充满了希望。

河北省廊坊市大厂回族自治区大厂镇乐宝幼儿园　徐恩晨

案例三　　　　　　　　　　　**奶奶没有来接孩子(小班)**

壮壮是一个快三岁的小班幼儿,满月后一直由保姆带着,和保姆生活在一起,感情非常深厚。上幼儿园也是保姆接送,壮壮亲切地喊保姆"奶奶",而父母好像只是他家庭生活中普通的一员。

这天,离园的时间到了,我和张老师把孩子们带到门口,排着队等待家长们来接孩子。家长们也都在大门外等得着急了,门一开就急急忙忙地往里走。孩子们个个欢欢喜喜地喊着:"再见,王老师,张老师。"

这时候壮壮却走过来躲在我身后,一副瘪着嘴欲哭的表情。还没有等我回过神来,壮壮爸爸就径直走过来,抱起了壮壮。

"奶奶呢? 奶奶呢?"壮壮一边问着,一边踢着腿想着挣脱掉爸爸的怀抱。

"奶奶在家呢。"爸爸温柔地回答道,越发紧得抱着壮壮。

"不要不要,我要奶奶! 我要奶奶!"壮壮哭了起来,脸憋得通红。

"奶奶的脚扭了,不能走路,爸爸带你回家!"

"没有,没有,我要奶奶来带我!!"边哭闹边推爸爸。

爸爸依然重复着刚才的那几句话,一遍遍安慰壮壮。可是壮壮越哭越厉害。

壮壮爸爸看着我,尴尬地说:"王老师,您看看,壮壮这个孩子真不让人省心啊!"壮壮听爸爸这么说,哭得更厉害了。我无奈地苦笑了一下,走过去给壮壮擦了擦眼泪,没有说话。

终于,爸爸失去了耐心,"你不想跟爸爸回家就一个人待着,我走了!"爸爸生气地放下壮壮,假装要离开。壮壮哭得更厉害了,我走到壮壮身边,轻轻地拍着壮壮,拥抱到怀里,抬起头冲着躲在树后的壮壮妈使了一个眼神,用手示意她站出来,让壮壮能够看见她。壮壮爸爸束手无策地望着我。

我一边给壮壮擦眼泪一边说:"壮壮想奶奶了,是不是?"

"是。"壮壮抽抽搭搭地说。

"壮壮现在很伤心吧,因为见不到奶奶!"这话问到了伤心处,还没等我说完,壮壮又大声地哭了起来:"我不要爸爸带我回家,我要奶奶带我回家。"

"噢,老师知道了,壮壮每天跟着奶奶,最喜欢奶奶,幼儿园里待了一天,最想见到奶奶,是不是?"这可说到心坎儿了,"是。"

我说:"奶奶家里有事,今天回他们家了,不能来接壮壮了,我们先跟爸爸回家,好吗?"

这时候,爸爸着急地走了过来,说:"爸爸给你买最爱的小汽车!"

"不要不要,我要奶奶。"

我跟爸爸小声地说:"您先看着,别说话,我来处理!"

"噢,这样吧,那我们先给奶奶打个电话,问问她能不能来接你,如果不能我们就问问奶奶什么时候能来接你,好吗?"我跟壮壮建议着。

壮壮的哭声越来越小了,他嘴巴里念叨着"打电话,打电话!"情绪慢慢地平静下来了。

我带着壮壮打电话。壮壮对着电话说着,听到奶奶说今天晚上就能回来,在家里等着他,脸上露出了笑容。

我抱着壮壮来到爸爸身边,壮壮拉着爸爸的手就要往外走,我跟壮壮小声地说:"我跟爸爸说句话,爸爸会更爱壮壮!"壮壮好奇地看着我,点了点头。

我跟爸爸说:"刚才您都看见了,壮壮这个孩子懂事、敏感。他不是故意为难您的。"

爸爸若有所思地说:"我知道,可是他有时候就是这么执拗,一不高兴就哭鼻子!"

我:"这么小的孩子还不会像大人一样隐忍。这样想笑就笑,想哭就哭我觉着还挺羡慕呢!"

"这样说,似乎也对!"爸爸有些认同地说。

"您下次不妨也试试,帮壮壮把自己的心里话和感受说出来! 可能会有不一样的结果呀!"

看着壮壮着急回家的样子,我跟壮壮说:"十分谢谢壮壮这么耐心地等老师和爸爸说话!"然后对爸爸说:"您先带孩子回家吧! 咱们以后经常交流啊!"

壮壮拉着爸爸的手,一边说着:"再见!"

教师反思

保姆奶奶没有来接壮壮是壮壮哭泣的主要原因。壮壮从满月开始,一直由这个奶奶带着,在和奶奶长期的相处中,获得了牢固的亲子依恋,但是爸爸妈妈与他的亲子关系非常单薄。从亲情这个角度来看,前面场景中爸爸尴尬难堪是爸爸自己造成的,因为与孩子的相处、照顾太少,交流沟通缺乏,致使与孩子的亲和力远远弱于奶奶。所以在以后的家长沟通中,还是要持续不断地告诉父母,多抽出点时间陪陪孩子,多听听孩子的想法,在培养孩子安全感的同时增进亲子间的感情,不能让孩子觉得父母的工作比自己重要,而没有安全感。哪怕一周父母只接送一次,也会让孩子表现得异常欣喜。

【案例评析】

沟通是人与人之间、人与群体之间思想与感情的传递和反馈的过程,以求思想达成一致和感情的通畅。沟通能力是幼儿教师必备的七大能力之一。《幼儿园教师专业标准》指出:教师要与家长进行有效沟通合作,共同促进幼儿发展。家园沟通方式有很多,谈话是最快捷、互动效果最好的一种。在离园环节教师把握契机,通过与家长面对面的谈话进行有效沟通是建立良好家园关系的关键。

案例一中,教师重视家长嘱托,对小丽午睡尿床这件事给予了关注,采取了措施,及时向家长反映了情况。但是教师与家长的沟通只停留在对事情描述的表面层次,缺乏对幼儿尿床表现的分析思考,以及对家长的专业指导。面对小丽经常尿床的情况,教师应该和家长一起根据幼儿在园、在家的生活情况进行综合分析,寻找原因。比如了解幼儿在什么情况下容易尿床,是因为睡前喝水太多,或是因为玩得太累,睡得太沉,不能及时唤醒,或是因为她明明知道有尿却懒得爬起来去卫生间等。如果客观因素都被排除,是否考虑一下孩子身体状况的主观因素。只有找到了问题的根源才能对症下药,帮助小丽改善尿床情况。对于小丽尿床这件事,家园双方在沟通时都没有注意保护孩子的隐私权,呵护孩子的自尊心。教师有责任引导家长正确对待小丽尿床这件事,不能一味地责怪孩子,更不能对孩子乱发脾气,给孩子造成心理压力。在家长向教师提出一定要把小丽叫醒去小便的请求时,教师说了"她跟我发脾气,打扰其他小朋友怎么办呢?"这样的话,表现出教师在工作中缺乏经验和方法,专业能力不足,会造成家长对教师工作的不信任感。

案例二中,教师针对萱萱小朋友在幼儿园从不和他人交流的表现主动向家长了解情况寻找原因。沟通中,教师从孩子在家中的状态,与周围小朋友的互动情况,及吐字发音的情况等方面进行了详细的询问。在掌握了萱萱的基本情况、在家中的行为表现以及萱萱家长的教养方式后,给予了家长一些有益的建议,并鼓励家长尝试践行,收到了一些效果。但是对于萱萱这样特殊的孩子,仅仅简单地引导家长在日常生活中多主动与孩子沟通是远远不够的,需要制定系统的指导方案。首先,要明确孩子语言中枢神经是否发育正常。在家长的谈话中提到,"孩子输液太多了,可能刺激到了脑部神经。"此时,教师应建议家长带孩子进行专业的检查,明确孩子存在沟通障碍是否与大脑发育有关,是否需要药物干预或接受专业指导下的语言练习。其次,要帮助家长了解科学的亲子沟通技巧。比如在什么时间、什么地点、选择怎样的时机与孩子沟通,运用怎样的语言、语气、语调,怎样的眼神、动作、表情等,也可以向萱萱妈妈推荐一些亲子教育的专业书籍提升家长的育儿能力。再次,要让家长看到教师为此付出的努力,使幼儿父母能主动配合幼儿园工作。教师要在班级中为萱萱创设积极的沟通环境,增进教师与幼儿、幼儿与幼儿之间的情感,激发他表达与交流的愿望。在与家长沟通时,要让家长了解教师做了哪些具体的工作,付出了怎样的努力,孩子的反应如何,还需要家长配合做哪些工作等。特殊儿童的教育对幼儿园和家庭都是极富有挑战性的。

"案例一"与"案例二"均是教师针对幼儿在园出现的问题,在有准备的情况下,邀请家长进行的家园沟通。案例三是在离园期间,教师针对突发事件进行的家园沟通。相比有准备的沟通,随机的沟通交流更考验教师的专业素质与能力。在遇到壮壮拒绝爸爸接而大哭大闹的尴尬局面时,教师急中生智,巧妙地运用幼儿能够接受和理解的方式安抚情绪,使壮壮转怒为喜,并耐心等待爸爸与老师交流,说明这是一位懂孩子的教师。孩子的信赖感来源于成人对他们的需求及时、正确的理解。懂孩子的教师,会努力站在孩子的角度想问题,关注孩子的情感需求,及时回应。面对壮壮爸爸的不恰当行为,教师没有生硬地制止和说教,而是用自己的实际行动为爸爸上了一课。教师的榜样示范及真诚的沟通使壮壮爸爸开始反思自己的儿童观、教育观,为接下来的家园沟通建立了良好的基础。

离园前的家园沟通一般有两种情况。一是教师发起的沟通。如教师对家长的嘱托进行反馈进行的沟通;教师针对幼儿在园生活学习中的问题向家长了解情况寻求支持进行的沟通;教师针对离园时发生的事件随机与家长进行的沟通等。二是家长发起的沟通。家长为了解幼儿在园情况,或是反应问题主动找老师进行的沟通。有效的家园沟通,不仅能增强家园之间的相互了解,帮助家长深入了解幼儿园教育理念,学习更多的育儿知识,促进家庭教育的发展;同时,让教师对孩子的成长环境,教养方式等生活细节心中有数,更全面地了解每个孩子,有的放矢地实施保育和教育。但在实践中,在离园环节的教师与家长沟通仍存在一些问题,主要表现在:

第一,沟通的目的浅显,表面化,缺乏深层次的思考。

幼儿园教师与家长沟通目的都比较明确,但是许多教师与家长的沟通只是出于工作需要,缺乏理念传播的意识。幼儿教师作为一名专业教育者,不能仅仅限于向家长汇报幼儿情况、就事论事的低层次沟通,应把向家长传播正确的教育理念、教育经验作为主要目的,使家长在沟通中获得有益的育儿经验和方法,不断提升家庭教育的质量。

第二,沟通的内容片面化,不能真实反映幼儿情况,造成家长对教师的不信任。

日常生活中,一些教师只是通过一两个案例的观察就武断地认为幼儿可能存在某方面的不足,在没有进行持续全面的观察、调查,也没有进行理论与实践的分析的情况下就仓促向家长反馈孩子的问题。这样的沟通往往是片面的,不能真实客观地反映幼儿实际情况,造成家长不认同教师的反馈,有时甚至造成家长的抵触情绪。

第三,教师与家长沟通时的态度、语言把握不当。

有些教师在与家长沟通时摆出一副高高在上的姿态,言辞激烈不顾及别人的自尊心,让家长感觉教师只是在给孩子告状,并没有从关心孩子、爱护孩子的角度出发。这样的沟通不仅不能起到家园共育的良好效果反而容易激化矛盾,形成家园对立的紧张气氛。

【目标设定】

离园环节时间较为充足,有不少家长也愿意在这个时间段与教师沟通。良好的沟通是建立信任的桥梁,是家园相互理解与配合,形成教育合力的有效途径。教师只有走进家长心里,有计划、有目的,智慧地做好家园沟通,才能达到工作的实效。幼儿园教师做好家园沟通工作应达到以下几个目标。

一、尊重家长,建立和谐的沟通环境

教师要在思想上树立平等的概念。教师应一视同仁地对待每位家长,和家长沟通时持有平等、尊重、虚心的态度,尊重他们的人格与观点,耐心、虚心、诚心地听取家长合理有益的建议。教师在与家长沟通中切忌居高临下、盛气凌人的态度,应努力营造和谐、轻松、愉快的交流环境,激发家长与教师合作的愿望。

二、掌握沟通技巧,建立信任,相互理解

1. 注意倾听。教师要做一个好的聆听者,深入了解家长的需求、教育理念,以及孩子在幼儿园以外的环境的具体状况。

2. 语言简练。教师语言表要简练清晰,观点明确,把握要点,避免表达啰嗦,长篇大论。

3. 换位思考。教师要站在家长的立场思考问题,审视问题,体会家长的心情,切忌过于自我,忽视家长的想法与感受,避免引起家长的困惑和反感。

4. 谈话具有艺术性。教师和家长沟通时应讲究谈话的艺术性。要坚持实事求是的原则,客观表达孩子的具体表现,注意细节的沟通,切忌"告状"。在交流幼儿的不足时,要运用一定的专业知识和语言技巧,既让家长知道孩子的缺点又要让家长心悦诚服地听取教师的意见和建议,对教师产生信任感,乐意与教师充分交流,达到谈话的预期目的。

5. 根据家长类型选择适当的应对策略(见下表)。

表 1 幼儿家长类型及沟通策略

家长类型	主要特点	应 对 策 略
隔辈家长	注重幼儿的生活细节,要求高; 重复嘱托,有不信任感; 表达不清楚	教师主动打招呼,充分尊重他们; 对老人嘱托的事情时刻放在心上; 对老人关注的问题及时回应; 做到肯定、接纳、耐心等待
高学历家长	学习能力强,有明确的教育取向; 非常重视教育,对教师要求高; 敏感、挑剔、易焦虑	多使用专业语言与之交流; 借助教育理论分析幼儿情况; 邀请家长"进课堂"体验教师工作
一般家长	重视孩子知识的学习; 尊重教师,愿意配合教师工作	善于把握谈话时机宣传幼儿园的教育理念; 给予家长具体的科学育儿方法; 鼓励家长主动与教师交流

三、注重理念宣传,取得家长理解与配合

教师在与家长沟通时应充分发挥教育理念的引领作用,积极向家长宣传正确的育儿观、教育观。教师要向家长解释自己的工作,让他们对教育教学工作有充分的了解,知道教师做了什么,为什么这样做,感受到教师的"苦心"主动配合教师工作。

【幼儿园教师自我管理基准线】

教师的素质与能力是建立家园有效沟通的关键。幼儿园教师应从以下几个方面加强自我管理。

一、广泛阅读,自觉提升文化修养

幼儿园教师应广泛阅读与学习,不断提升自身的文化修养与内涵,做到优雅大气、知书达理,在与家长沟通中彰显新时代幼儿教师的良好风貌

二、坚持学习,提升专业理论素养

幼儿园教师要坚持学习,提升专业理论素养,在专业理论的指导下采用正确的教育观引领家长,提高家庭教育质量。

三、从思想上重视家园沟通,不断积累经验

幼儿园教师应从思想上特别重视家园沟通工作,尤其是新手教师,要主动向优秀的教师请教,不断探索和尝试与各种类型家长沟通的方法和策略,并撰写沟通心得,积累经验。

四、有意识地培养共情能力

共情(Empathy)能力,或译作移情能力,指的是一种能设身处地体验他人处境,从而达到感受和理解他人情感的能力,被视为社交中的重要能力之一。幼儿园教师应有意识地培养自己的共情能力,在沟通中理解家长的情感,感知家长的感受。

五、有意识地锻炼和提高语商

语商(LQ)是指语言商数,是一个人语言运用能力的总和;反映一个人在整体语用有效性方面的品质;是一个人智商、情商、逆商、美商、德商、灵商的外在体现。"语商"对于一个人说话办事的成败起着关键的作用。在日常生活中,教师要有意识地锻炼自己的语商,与家长沟通时不仅有新的思想和见解还要很好地表达出来,能把话说到点子上,让人感觉舒服,用自己的语言去感染、说服家长。

六、要做到经常性的反思

"吾日三省吾身",幼儿园教师应经常反思与家长沟通的过程与效果。通过反思不断调整沟通的策略和方法,保持与家长的持续交流与反馈,做到家园有效沟通。

点评:河北省直机关第三幼儿园　马瑞敏

第二节　对晚接幼儿组织与指导中的教师自我管理

【案例呈现】

案例一　　总是被晚接的小爱(大班)

幼儿园在下午5:05放学,教师们5:30便可以下班了,由于我班一名幼儿小爱的爸爸妈妈下班总是很晚,所以每天她总是最后被接走。我一般都是给她讲讲故事、唱会儿歌,或者和她聊聊家里发生的趣事来缓解她的焦急心情。

可是这一天早晨,小爱的爸爸送她来幼儿园的时候,告诉我:"小爱今天有点咳嗽,这是她的药,麻烦您按照用药说明给她吃了。"一整天,小爱都没有精神。到了离园时间,我想这次爸爸妈妈应该会早点来接孩子吧!可是所有的小朋友陆陆续续地都被接走了,就是不见小爱爸爸的影子,我打电话过去,他爸爸说还是得晚二十分钟。我真的很无语,或许他们有自己的苦衷吧,听着小爱时不时发出一两声咳嗽声,我愈发怜爱地抱着她。

看到小朋友都被接走了,小爱很难过。

小爱问我:"老师,爸爸应该一会就来接我的,对吧?可他怎么还不来?"

我说:"小爱,爸爸肯定会来接你的,你先不要急,老师知道你想爸爸了。现在先和张老师在一起好吗,爸爸肯定在来接你的路上,他和你一样也在想你。"

这时小爱已经要掉眼泪了。我让她和我玩游戏,但她对什么都打不起精神来。

这个时候我轻轻地说:"老师还有一些工作没有完成,你能帮老师做一些事情吗?"

小爱抬起眼,抹掉眼泪,问:"怎么帮忙?"

我说:"和老师一起准备一下明天要用的纸吧!"

可能是小爱以前从来没有帮我做过这样的事情,也可能是因为帮我的忙让小爱感觉到了自己的能力,她专心地帮我把第二天要用的白纸按照小组分好,并装到文件夹里。做完这些的时候,满意地冲我笑了笑。

后来班里放学时,依旧只剩下小爱,我就又让她帮我做一些力所能及的事情。可是,一些调皮的孩子会说,小爱你看班里又剩下你了,我们走喽。大班的孩子这种类似行为还挺多的,我批评了他们,并且安抚了小爱。没想到这件事在小爱心里有了负担。有一天小爱的妈妈正常放学时间来接她,小爱对我说再见以后,还补充了一句:"张老师,你看,我的妈妈她没有晚,她还是挺早的,她能早接我。"我意识到了小朋友和小爱的玩闹已经影响到了小爱,于是我找小爱的妈妈聊了聊。

我对小爱妈妈说:"小爱妈妈,最近孩子可能因为晚接,情绪不太好。"

小爱妈妈回答:"张老师,一直以来多亏您这么细心地照顾孩子。麻烦你了,我这个性子就是太慢了。有的时候自己也是拼命地想着,接孩子,接孩子,但总是给忙忘了。"

我说:"没事,主要是我发现孩子最近情绪不太好,每次到放学的时候,就会很急躁,情绪很低落。"

小爱妈妈说:"哎,这件事怪我,家里还有个小的,总是忙不过来。"

我说:"您也不要太自责了,家里事多,忙不过来可以理解。"

聊过以后,小爱妈妈每天接孩子都要比原来早了些,孩子情绪也逐渐好了很多。

教师反思

晚接一会儿可能对于我们大人来说没有什么。但是,对于幼小的孩子,如果长期被晚接,很可能对孩子性格造成一定影响。大人早接的幼儿,相比其他家长较晚接的幼儿,会有较高的自尊感和自我价值感;而那些总是被最后接走的幼儿,会伤心,会怀疑自己是否被爱,甚至会产生自卑。

针对被晚接的幼儿,幼儿园曾经有过晚接班制度,后来由于被晚接的孩子越来越少便取消了。作为教师既要考虑晚接幼儿着急的心情,还要考虑家长的急迫心情,可以根据不同幼儿的兴趣准备一些丰富的活动来转移他们的注意力。

河北省保定市容城县晾马台镇西北阳幼儿园　　胡　兵

案例二　　　　　　　　　　**搭积木的王旭(中班)**

班里有几个幼儿的家长工作很忙,经常晚接孩子。由于幼儿园没有延时班,晚接的孩子就由本班老师负责看管。晚接的几个小朋友开始还是很开心,开心能够在幼儿园多玩一会儿,还有小伙伴的陪伴。

我们中班教室在三楼。这天,离园时间一到,我便和保育员老师一起带着孩子们到教室前的空地上等着父母接孩子回家,然后带着被晚接的五名幼儿回到班级教室里。

我对五名幼儿说:"现在有三个区域活动大家可以自由选择,动动小脑筋,认真想一下,然后告诉老师你选择的区域!"

五个幼儿点点头,没过一分钟四个幼儿就选好了自己喜欢的区域,在他们进入区域之前,我说:"在大家玩儿的过程中,很可能爸爸妈妈或者爷爷奶奶就会来接你了,这时候你就需要把手里的物品放回原来的位置,然后跟着家人回家,不能要赖皮呀,如果同意这个约定请和我拉勾勾!"

四个幼儿跑过来跟我拉勾勾,"拉勾,上吊,一百年不许变,谁变谁的鼻子变长长。"然后,各自跑到自己喜欢的区域玩了起来。只有一名叫王旭的幼儿,没有和我拉勾勾,他怯怯地看着我,一句话也不说。

通常晚接的幼儿开始还是会很开心,因为能够在幼儿园和小伙伴多玩一会儿。可能是因为王旭是第一次被晚接有些伤心,我一边安慰他妈妈一会就到了,一边开始引导他玩积木。积木是他最喜欢活动,我让王旭坐在我身边。

我试着搭建一个小房子,一边搭,一边自言自语:"这是我的家!""我的儿子被爸爸接回家了,一进家门,他就坐在他最爱的小马椅子上,哈哈……"说着我把一块积木放在饭桌旁边。故意没有跟王旭说话,看起来他还是有点不开心。"我的儿子看起来有点不开心啊。"我有点担心地说,"是不是在想妈妈呢?"王旭听见这句话后,慢慢地说:"想妈妈!"

"嗯,你们两个小孩都在想妈妈呢!我也想我儿子呢。"我缓缓地回应着。

"我妈妈想我吗?"王旭抬头,眼里含着泪花,疑惑地问我。

"肯定想!"我有点高兴,所以很快说了出来。

"你不知道!"王旭半信半疑地看着我,那眼神让我感觉到,我说错了!

于是我赶紧弥补自己的过失,拿过我的手机,跟王旭说:"你如果不信,现在就给你妈妈打个电话,问问她是不是想你?"

我接通了王旭妈妈的电话,我担心妈妈的回答让王旭失望,便说:"王旭妈妈,您到哪了? 王旭现在很想您,他想知道您想他吗? 我让他来接电话啊,您等一下。"

他妈妈在电话里面温柔地说:"宝贝,妈妈想你啊! 只是妈妈有点工作需要下班后做,所以晚了。宝贝乖,妈妈很快就到了!"王旭点着头,说:"妈妈,我想你,你快点来接我!"

我放下电话,跟王旭说:"待会我儿子也能见到我了,肯定很开心!"说着我在积木搭的"儿子"旁边放了一辆"小汽车"。

王旭说:"他喜欢小汽车?"

我说:"是啊,他一边玩小汽车,一边等着妈妈回家。"

王旭点点头,说:"我喜欢积木,我也要一边玩,一边等妈妈……"

王旭自己开始搭建积木,嘴里还嘟囔着什么……

陆续地有家长来接孩子了,有两个幼儿放下积木,就要飞出去,我轻轻地喊住了他们,伸伸小指头,笑眯眯地说:"拉过勾勾了!"孩子笑着,有点腼腆地返回区域把物品归位,跑到亲人怀抱里,跟着蹦蹦跳跳地回家了。

王旭的妈妈也来接他了,妈妈直接把他抱在怀里,他充满爱意地看着妈妈的脸,幸福地笑了。他回头看看我,摆摆手跟我再见,就拉着妈妈往外走,我隐隐约约地听见他说:"妈妈,王老师也必须早点回家,她也有个儿子!"

教师反思

王旭第一次被晚接,从后面他说的话可以知道,他是觉着妈妈不想自己,所以才会那么晚来接自己。我用积木搭"自己的家",本来是想着引导王旭自己玩会积木,因为他最喜欢拼插积木。后来说想我儿子,也是自己内心的真实想法,可是最后歪打正着,和王旭产生了共情,王旭开始说出了自己的疑虑,给了我和他沟通的机会……我体会到了"无为而为"教育的奇妙,在以后的教育中我要少说多做,设身处地地站在幼儿的角度体会他们的心理状态,或许一切都会越来越简单而融洽。

河北省承德市红黄蓝幼儿园　白　颖

案例三　**总是晚接孙子的爷爷(小班)**

我们班是小班,班里有一名晚接"钉子户"。刚开学的时候并没有这种情况,但是过了一段时间,这名幼儿就出现了被晚接情况,而且越来越明显。从刚开始晚接三至五分钟到后来晚接二三十分钟,慢慢地,我发现:只要是爷爷接,就肯定会晚。

于是,在幼儿爷爷接他的时候,我尝试着进行了多次沟通。

第一次,爷爷晚了十分钟来接幼儿,我以为爷爷的下班时间很晚,所以谦虚地提示。

我:您好,我们接孩子的时间为下午4点,下次不要这么晚接了。

爷:好的,今天堵车!

其实我发现爷爷骑的是电动车,应该不会堵车这么严重的。但是我没有把我的疑惑说出来。

我:孩子刚刚上小班,一天就盼着晚上早点回家呢,为了不让孩子等太久,您下次提早出来一会吧!

爷:好的。

第二天,爷爷甚至晚了十四分钟来接幼儿,我一边陪着幼儿搭积木,一边跟他聊天。

我:你猜今天是谁接你啊?

幼:接晚的时候肯定是我爷爷。

我:爷爷是做什么工作的啊?

幼:爷爷没工作,天天在家,下午总是在家睡觉,所以总是接晚我!

这种话让我根本没法往下接,因为我很生气,我辛辛苦苦上了一天班,下班了还得加班看着孩子,这位家长却在家睡大觉!于是,当爷爷来接幼儿的时候,我和爷爷之间发生了如下的对话。

我:您是做什么工作的,下班很晚吗?

爷:(支支吾吾、吞吞吐吐)。

我:以后不要接太晚了,全园就剩他自己了,他看到其他的孩子都接走了就剩下他自己了,挺孤单失落的。长期下去孩子会对幼儿园产生抵触心理的,一旦不爱上幼儿园,可就不好送了。

爷:好的,知道了。

……

后来好多次接晚我都会提醒爷爷,第二天早一些来接孩子,爷爷给我的回应都是行行行!好好好!但是照旧晚接。

教师反思

每次的沟通中,这个爷爷似乎对于说的话就是耳旁风,所以后来我干脆不说了,爱咋咋地的心态。我也不陪幼儿玩了,因为陪他玩得越好,他爷爷越觉着晚接对孩子根本没有什么影响。所以我在等爷爷来接的那段时间里,就让幼儿在教室的固定位置上等他爷爷,我做自己的事情。如果他爷爷晚接超过二十分钟,我就把幼儿留在门卫大爷的小屋子里,然后给他爷爷打电话通知一下,我就回家了。毕竟事不过三,我也别自讨没趣!

河北省涿州市南关第三分园大马村幼儿园　任佳丽

【案例评析】

案例一中,幼儿小爱的爸爸妈妈总是晚接,每天她都是最后走的一个孩子。有一天来园时爸爸给她带了药,说明小爱生病了,按常理说晚上父母应该会早些把她接走,可是当所有小朋友都被接走后,又只剩下了小爱,老师看出孤独等待的小爱开始变得着急和不安,就想办法转移孩子的注意力,先是和小爱玩游戏,看到孩子打不起精神掉眼泪时,就换了一种方式引导,让孩子帮助老师一起准备次日教学所需的教具。因为文中提到小爱以前从没帮老师做过这样的事情,所以当小爱完成任务后脸上露出满意的笑容时,说明孩子感受到了自己的价值,从而缓解了被晚接的心理压力。从这件小事中也能看出小爱在平时生活学习中缺乏自信,存在一定心理自卑感,教师抓住了教育契机帮助孩子建立了自信,使该幼儿形成自我肯定与自我欣赏的良好心态。当班里一些调皮的孩子总因被"晚接"跟小爱开玩笑时,教师看出小爱心里的负担,并给予及时处理和疏导,在日后有目的地与家长进行沟通,取得了很好的效果。该老师在平时工作中善于观察孩子,关注孩子的情绪变化,能以恰当的方法教育和引导,帮助幼儿树立自信心,说明这位老师是一名有爱心的并具备一定专业能力的幼儿教师。

案例二中,对于晚接的幼儿,教师给予幼儿活动的选择权,并在活动前与幼儿达成规则的约定,可见教师对待幼儿时尊重与规则并重,能够以平等、充满爱心的态度对待幼儿,而规则的约定让孩子们养成物品用完放归原位的良好习惯。当四名幼儿顺利选择了喜欢的活动,教师特别关注到一名叫王旭的幼儿不仅没有行动,还表现出"怯怯的"状态,并由此结合该幼儿的日常表现迅速做出分析:第一,这是由于王旭第一次晚接而产生的情绪问题,并尝试进行引导,这说明教师善于观察和思考,能够及时了解幼儿的需求,积极提供帮助;第二,教师讲述自己和儿子之间的真实情感引发王旭主动表述自己的心情,运用同理心在幼儿的立场上感之所感,让王旭愿意敞开心扉真实表达自己的想法。这说明该教师情商高,观察细致并能够洞悉幼儿的思想变化,能够方法灵活地解决实际问题,教师反思时提出了"无为而为"的润物无声的教育也充分体现出其专业性。这个案例较好地体现了师幼之间的有效沟通,在关注与尊重中建立起积极、信任的关系,在引导与帮助中让幼儿获得安全愉快的情绪体验,促进了幼儿心理健康发展。

案例三中,针对一个"晚接钉子户",教师由积极到消极再到放弃的过程,感受到的是教师与家长沟通时的无奈感和无力感。我们来看教师使用的语言:

"我们接孩子的时间为下午4点,下次不要这么晚接了。"

"为了不让孩子等太久,您下次提早出来一会儿吧!"

"全园就剩他自己,长期下去孩子会对幼儿园产生抵触,该不爱上幼儿园也不好送了。"……

教师并没有去了解晚接问题的真正原因,与家长沟通的三个回合,语言没有温度,只是一味地强调接幼儿的时间不要晚,不能与家长的情感产生共鸣,因此得到的回应只有敷衍的"好的""知道了""行"。在该教师的反思中"爱咋地咋地,我也不陪孩子玩了",几乎是把"爷爷"的不满迁移到幼儿身上。另外将孩子放在门卫处会有安全隐患的同时,也会对幼儿园的声誉产生不良影响。

国外学者曾经有一项调查,他们发现一个班里那些经常被最早接走的孩子,自信程度往往比其他孩子高。相比之下,那些最后被接走的孩子,尤其是那些经常被最后接走的孩子,他们往往较内向,甚至有些自卑。教师与幼儿家长沟通的时候可以将这些利弊告诉家长,让家长知道,家长在离园时早出现,会使孩子能体会到家长对他(她)的关注和重视,由此带给孩子的自尊感和自我价值也会高。而离园后比较晚接的孩子,尤其是经常晚接的孩子会感到失望、自卑,久而久之会缺乏了自信。

《幼儿园教育指导纲要(试行)》中指出,"幼儿园教育是为所有在园幼儿健康成长服务的,要为每个儿童,包括有特殊需要的儿童提供积极的支持和帮助。"晚接对于教师来说,意味着工作时间不确定性延长,但显然属于特殊需要的一种,它也是幼儿园教师工作范畴的一项内容。正确、积极地对待晚接幼儿及家长,是教师的职责所在。在实际工作中,教师对晚接幼儿的指导往往存在以下问题:

第一,存在教育指导缺位现象,缺乏有效的师幼互动。

教师组织管理晚接幼儿时通常有三种方式,一是让晚接的幼儿自由选择活动区活动,幼儿根据自己的喜好选择活动内容;二是教师指定活动内容,如阅读图书、玩积木等;三是不组织任何活动,让幼儿坐在门口等待。这三种形式往往都缺失了教师的陪伴、观察和引导。幼儿在自发的活动中能够最真实地体现个体发展的现有水平,以及个性特征、能力水平、情绪情感发展阶段的倾向性,是幼儿发展评价信息的重要来源,而教师的缺位使这些重要信息流失。晚接环节由于幼儿人数较少,非常有利于教师进行个别观察和沟通,有针对性地解决问题。而现实的情况却因教师的缺位,鲜少有高质量的师幼互动,长此下去会丧失一些有利的教育契机。

第二,对晚接幼儿情绪、情感以及个体差异的关注不到位。

晚接幼儿往往是由于家长个人事务、工作忙碌或路途临时状况等多种原因造成,幼儿的心情也各有不同。有的孩子因为偶发性晚接,易导致情绪十分低落,不愿意融入同伴的游戏;多数晚接的幼儿会出现焦虑、难过情绪;个别幼儿还会出现哭闹现象。而临近下班的教师也会因为晚接时间长短不确定而忽视组织相应的教育活动,或着急回家而抓紧时间进行班级环境和卫生的整理,忽略对孩子的引导和管理。

第三,针对经常晚接的孩子,与家长缺乏耐心和有效的沟通。

《幼儿园教育指导纲要(试行)》中指出"教师应以关怀、接纳、尊重的态度与幼儿交往,耐心倾听,努力理解幼儿的想法与感受。"在幼儿园接孩子时,家长迟到是一种很常见的现象。很多孩子站在门口翘首以盼,时间长了有些孩子会产生担心、焦虑的心理,他们认为爸爸妈妈是不是不爱我了,为什么他们总是这么晚来接我,他们是不是不愿意来接我。久而久之会对孩子产生影响,变得不自信。老师忙于组织其他孩子离园,疏忽了对这些孩子的心理疏导,也没有将孩子的情况以及容易产生的后果及时跟家长沟通。

【目标设定】 ⏷

幼儿园教师对离园后晚接的幼儿活动的组织和教育指导,要达到以下几个目标。

一、创设安全、适宜的环境

虽然通常班里晚接的幼儿人数少,多则五六个,少则一二个,教师却不能放弃教育和忽视管理。这个时段教师不仅要关注幼儿个体差异及情绪,还要为他们创设安全、温馨的精神环境和与其发展相适应的物质环境,保障幼儿游戏和自由活动的同时,注意观察,适时指导,让晚接的幼儿纳入教师的可控范围内,尤其要保障幼儿的安全。

二、有目的、有计划地组织趣味性、探究性的游戏活动

被晚接的幼儿会存在一定的失落和焦虑的情绪,教师可为他们组织和安排一些有趣的游戏和手工活动来缓解情绪的压力,既可以组织集中活动,如"我是故事大王",请个别语言能力强的幼儿讲故事、教师带领玩猜谜或音乐游戏,或者组织一些绘画、折纸、泥工等手工活动等等,也可以让孩子进行喜欢的区角,进行操作探究活动,切不可放任不管、听之任之。

三、善于观察和关注晚接幼儿活动情况,适时给予个别化教育引导

教师应与幼儿一起活动,关注幼儿的表现和反应,为幼儿创设安全、温馨的心理环境,提供适宜的物质环境。充分利用随时出现的教育契机,以适当的方式积极回应和引导,有效促进幼儿的发展。针对情绪不良的幼儿,教师要善于透过日常表现进行综合分析,寻找沟通的入口和方法,与幼儿共情的基础上,引导幼儿情绪向良性转变。

四、选择恰当的方式与晚接家长进行有效沟通

1. 对偶发性晚接幼儿管理和家庭指导。有些幼儿晚接现象是偶发的,由于家长突发原因造成。这类幼儿最容易出现情绪焦虑和失控,尤其是小班幼儿,在见到父母的那一刻更为突出,甚至有的小班幼儿会表现出大声哭闹或默默流泪,会不停地追问"爸爸妈妈为什么还不来?"被晚接幼儿会丧失安全感,觉得被遗弃,会委屈,会感觉到"爱"的远离,而这些幼儿的父母也会由于没有及时接孩子而陷于巨大的内疚中。

那么教师应该如何做呢? 首先,在幼儿园内根据该幼儿的个性特点和现实情况,灵活选择适宜的方式进行沟通和疏导;其次,及时与来晚的家长沟通,陈述晚接对幼儿心理的影响,提示家长为幼儿做出守时、守信的榜样,家园携手帮助幼儿获得应对生活问题的有益经验和积极的情感体验。

2. 对经常性晚接幼儿的管理和家庭指导。有的家庭晚接是常态,教师应给予这类家庭特别的关注。一方面及时与家长沟通,了解晚接的真实原因,积极为家长提供有效的家庭沟通策略,如教给孩子看时钟,与孩子制定特殊的约定"每天指针到××位置,就能看到妈妈了",避免孩子因经常性的晚接,造成心理发展的隐患;另一方面要特别关注幼儿在园的表现和反应,关注他们的变化和需要,及时以恰当的方式进行引导,设置有针对性的活动,让孩子在晚接等待的时间过得充实愉悦,让他们觉得等待爸妈也是一个有趣而不枯燥的过程,她们不但没有失去什么,相反还收获了很多有益的学习体验。

【幼儿园教师自我管理基准线】 ⏷

幼儿园离园环节中晚接的情况常见现象,如何合理地对待幼儿、与家长沟通及指导家长,这不仅是能力问题,更需要幼儿园教师加强自我管理。

一、树立正确的儿童观和职业观

深入学习学前教育政策法规文件，为自己的职业价值找准定位，真正理解自己的职业，热爱幼教事业，自觉奉献于这个职业，才能在这个职业中获得更多的愉快体验。树立正确的儿童观，做到"像尊重成人一样尊重孩子，像尊重朋友一样尊重家长"。有的教师对待晚接幼儿态度消极、敷衍应付都是不可取的，用专业的方法组织幼儿离园前活动，用正确的态度对待晚接幼儿及家长，是赢得幼儿和家长满意的有效方式。

二、热爱全体幼儿，公平公正地对待每一名幼儿

教师对幼儿的热爱和关怀是做好家园共育的前提，公正公平地对待每一个幼儿，善于发现每一名幼儿的优点，并给予足够的重视和鼓励。每个家长都希望自己的孩子受到教师的喜爱。事实证明，凡是受到教师喜爱的幼儿的家长，与幼儿园的关系都比较融洽；反之，得不到教师喜爱的幼儿的家长与幼儿园的关系都比较紧张。即使遇到家长晚接了幼儿教师也要公平而真诚地对待每一名幼儿，与幼儿家长进行友好沟通。

三、树立终身学习的意识，掌握专业化的教育理念

作为一名幼儿园教师，首先应成为一名终身学习者，具备不断进行专业化学习的意识和能力，这既是学前教育改革和发展对教师的必然要求，也是不断变化的教育对象、不断解决出现的新的教育问题对教师的必然要求。幼儿教师要在不断的学习中成长，才能不断提高专业化水平，才有可能为幼儿的长远发展打下基础。教师一方面要及时更新教育观念、充实专业知识以及幼儿心理学方面的知识，为观察、指导、分析、评价幼儿提供理论依据；另一方面要善于借助行动研究，不断对自己的教育实践进行反思，提升教育实践的科学性和合理性，主动构建积极的师幼关系，提升教育的有效性。

四、掌握与家长沟通的策略，密切家园合作关系

《幼儿园教育指导纲要（试行）》指出："家长是幼儿园重要的合作伙伴，应本着尊重、平等、合作的原则，争取理解、支持和主动参与，并积极支持、帮助家长提高教育能力。"《幼儿园工作规程》中幼儿园的任务之一是"面向幼儿家长提供科学育儿指导"。实现真正有效的家园合作，首先是教师要摆正自己的角色定位，处理好与家长的关系；其次，要发挥教师专业引领上的优势和地位，引领家长在教育观念上逐渐向教发展的主流方向靠拢；再有，努力让家长的教育观念与教师保持一致性，真正实现家园牵手协同发展。

在与家长有效沟通的策略上还要注意以下三点：

1. 了解家长需要，注重专业引领。教师要潜下心来了解、掌握家长的需要，从专业的角度引领家长走进幼儿教育，共同促进幼儿的发展。一是观察中的引领，观察家长的教育观念，对孩子的态度，离园来园时的表现，以及对幼儿园工作的支持程度，适时地给予指导；二是体验中引领，在教师创设情景中，让家长亲身感知和领悟，了解晚接孩子的危害。

2. 与家长换位思考，互相体谅。多一分理解就会多一分融洽和信任。从幼儿园教师角度来说，要理解和体谅家长，当前幼儿教师面对的多是长大的独生子女一代，有的年轻气盛，有的学历高的家长会质疑幼儿园教师的专业水平，还有些家长会提出一些不切实际的要求。幼儿园教师面对家长的不同表现，不能存有怨恨情绪，训斥和讽刺家长更会破坏与家长之间的关系。幼儿园教师应努力换位思考，体谅家长难处，了解家长诉求，达到情感融洽、心理沟通的目的；同时，也希望家长能站在幼儿教师的立场，心平所和地提出意见，配合做好家园共育。

3. 与家长坦诚相见，加强联络与交流。首先，教师通过学习、经验总结、研究探讨提高自身的专业素养，采用家长学校、家教沙龙、橱窗、微信公众号、QQ群等形式帮助家长了解幼儿在园学习和生活状况，向家长推荐幼儿心理和教育的文章，提高家庭育儿观念；其次，教师要利用家访、晚接的时候与家长进行面对面的交谈，互通了解、互换意见，增进教师与家长之间的友好和信任。家园沟通中，切忌

"告状式"会谈,教师要充分肯定幼儿的优点,善意而有针对性地提出专业性的指导;还要虚心听取各自的要求,坦诚地交换各自的看法,达到家园共育的目的。

点评：河北省直机关第三幼儿园　李　艳

▶参考文献◀

［1］教育部基础教育司.《幼儿园教育指导纲要(试行)》解读[M].南京：江苏教育出版社,2002.

［2］中华人民共和国教育部.3—6 岁儿童学习与发展指南[M].北京：首都师范大学出版社,2012.

［3］徐铭泽.幼儿区域游戏中教师指导行为的问题与对策[J].大连教育学院学报,2014(6).

［4］赵雨晨.学前教师介入幼儿区域游戏的调查研究——以重庆某公立幼儿园为例[J].桂林师范高等专科学校学报,2018(7)：153—156.

［5］张析.教师介入中班幼儿区域游戏的现状研究[D].河北大学,2011：33.

［6］王润琪.大班区域活动中幼儿参与及教师指导行为研究[D].沈阳师范大学,2018.

［7］李晓萍.新职幼儿教师专业发展现状与影响因素的个案分析——以区域游戏指导能力为例[D].首都师范大学,2013.

［8］吴楠.幼儿园区域活动实施现状调查研究——基于福州市三类幼儿园的比较[D].福建师范大学,2017.

［9］彭敏.幼儿园区域活动的个案研究[D].陕西师范大学,2015.

［10］李季媚,冯晓霞.《3—6 岁儿童学习与发展指南》解读[M].北京：人民教育出版社,2013.

［11］郑非非.基于多元智能理论的幼儿园区域环境创设与活动指导研究[D].山东师范大学,2016.

［12］阮素莲.幼儿园课程概论[M].北京：高等教育出版社,2014.

［13］宋静.幼儿教师环境创设与利用能力的个案研究[D].广西师范大学,2016.

［14］伍香平.幼儿园教师易犯的 150 个错误[M].北京：中国轻工业出版社,2012.

［15］刘亚明,刘晓颖.幼儿园保教管理实用手册[M].北京：中国农业出版社,2017.

［16］吴超伦.幼儿园一日活动的探索与实践：保教结合操作手册[M].上海：上海科学技术出版社,2013.

图书在版编目（CIP）数据

反思与成长：幼儿园教师自我管理案例评析/丁亚红,史爱芬主编.—上海：复旦大学出版社,
2019.12
ISBN 978-7-309-14693-6

Ⅰ.①反…　Ⅱ.①丁…②史…　Ⅲ.①幼教人员-自我管理-幼儿师范学校-教材　Ⅳ.G615

中国版本图书馆 CIP 数据核字（2019）第 232272 号

反思与成长：幼儿园教师自我管理案例评析
丁亚红　史爱芬　主编
责任编辑/查　莉　夏梦雪

复旦大学出版社有限公司出版发行
上海市国权路 579 号　邮编：200433
网址：fupnet@ fudanpress.com　http://www.fudanpress.com
门市零售：86-21-65642857　　团体订购：86-21-65118853
外埠邮购：86-21-65109143
上海丽佳制版印刷有限公司

开本 890×1240　1/16　印张 6.75　字数 185 千
2019 年 12 月第 1 版第 1 次印刷

ISBN 978-7-309-14693-6/G·2042
定价：35.00 元

如有印装质量问题,请向复旦大学出版社有限公司发行部调换。